台湾烈《れつ》烈《れつ》——世界一の親日国家がバイ

宮崎正弘

ビジネス社

もくじ

序章

台湾と私

日華断交が台湾へ行くきっかけとなった

下関《しものせき》から一二〇年の歳月が流れている。日清《にっしん》戦争の結末は一八九五年四月一七日の下関条約で、日本は清から台湾の割譲と賠償金を受け取り、台湾経営に乗り出した。

爾後《じご》、一二〇年の間、台湾と日本は切っても切れない絆で結ばれてきた。台湾は世界一の親日国家である。

台湾はちょうど芋のかたちをしている。だから陳水扁《ちんすいへん》前総統は台湾人を「芋っこ」と言った。九州より小さな島に穏健で柔和《にゅうわ》な性格の人々が二千三百万人、亜熱帯の風土が和やかな性格をはぐくみ、人々はのびやかに暮らしてきた。鉄砲をもった国民党が来る前までの話。国共内戦に敗れて台湾に逃げ込んだ蔣介石《しょうかいせき》軍の独裁政治が長く続いた。一九七二年の日華断交の煉獄《れんごく》を経て、北京《ぺきん》政府が露骨に統一問題の介入をするようになると台湾の人々の不安と焦燥はいやまし、不穏な空気のなかで暮らすようになった。

筆者が初めて台湾に足を踏み入れたのは昭和四七（一九七二）年の師走だった。いまから四二年前、古き良き時代がまだあった頃である。

それまで台湾に殆《ほとん》ど関心も興味もなかった。オランダに統治されたことがあり、清朝の代官がいた時代もあり、日本時代が半世紀、台湾の老世代はしたがって流暢《りゅうちょう》な日本語を駆使し、親日的だという話は聞いていた。特産物はからすみ、バナナ、パイナップル、マンゴーだとも。

日華《にっか》断交直後、台湾では反日感情がいきなり堰《せき》を切って溢れだし、日本人が襲撃され、町を歩くのも危険だという報道があった。私は耳を疑った。

（この目で確かめに行こう）

羽田《はねだ》から搭乗した飛行機はＪＡＬ。一二六人乗りＤＣ９だった。日本人乗客はたったの三人。ほかに一五、六人の外国人しかいなかった。空席だらけで信じがたい寂しさだった。日本のマスコミが台北《たいぺい》で「反日デモ」が起きて暴徒化しており（そのときの学生運動の指導者のひとりが馬英九《まえいきゅう》現総統だった）、台湾は物騒であり、日本人と見たら殴られるなどととんでもない報道をしていたからである。げに情報操作とは恐ろしい。

日本と台湾との断交を報じた日本のマスコミを読むと、すでに台湾に中国共産党の軍隊があるかのような、毛沢東《もうたくとう》に屈服してしまったかのような作為的な記事が目立った。当時、台北松山《まつやま》空港（二〇〇八年から国際線が再開された）に着いたが、入国手続きを終えて空港の玄関にでると旅館の番頭さんたちが旗を持って待機していた。熱海《あたみ》駅頭の出迎え風景に似ている。熱心に客を誘っており新聞報道と事態はまったく逆だった。日本人と分かるとどこでも歓迎され値引きに応じ、「こんなときによく来てくれた」と暖かい挨拶を受けた。

街に大きな看板が立っていて「反対田中外交、連帯日本人民」とある。外交を北京に乗り換えた田中角栄《かくえい》は悪いが日本人との友誼《ゆうぎ》は変わらないと謳《うた》っていた。

直前に台湾へ乗り込んだ作家の杉森久英《すぎもりひさひで》が台湾ペンクラブへ行って幹部と握手したが外省人《がいしょうじん》作家の一人からは拒否されたと言っていた。

私は藤島泰輔《ふじしまたいすけ》（当時、日本ペンクラブ理事）の紹介状を持参して台湾ペンクラブを訪問した。当時の会長は王藍《ワンラン》。心から歓迎してくれた。ただしこの人たちは日本語が喋れない。新聞局の黄老生《こうろうせい》が流暢な日本語で通訳をしてくれた。

淡江《たんこう》文理学院（現・淡江大学）へも行って学生と話し合いの場を持った。淡水《たんすい》はいまのように高級住宅地や観光拠点もなく、農道とサトウキビ畑ばかりの田舎町だった。しかし台湾の人々は純朴で、また日本語がどこでも通じた。

台湾へ行く気になったのは台湾との断交に一人の日本人として立腹したからである。「昨日までの友人」＝中華民国（台湾）を弊履《へいり》のように捨て、敵対していた反対派（中華人民共和国）と平然と友誼を結ぶ。外交が非情なものであり、国益のためには友情を捨てることもあるかもしれないが、田中外交には人間として許せないものを感じた。

台湾を切り捨て北京と結んだ田中・大平《おおひら》外交は武士の情けという日本伝来の価値観を投げ去り、庶民感情を傷つけ、日本の道徳観を踏みにじったと思った。もっとも外交とはマキャベリズムの集大成、熱い武闘のない戦争で、そこにモラルを持ち込むと外交とは言えなくなる側面はたしかにある。「外交とは武器を持たない戦争」（マキャベリ）だから。しかしながら日本人は打算より情緒が優先する民族である。

初回の訪問から半年後、月刊雑誌『浪曼《ろうまん》』で、台湾特集号（「日華断交、一年の悔根」）を編むことになった。急遽《きゅうきょ》、私と加瀬英明《かせひであき》とでコンビを組んで台湾を一週間ほど訪問し、いろいろな人を取材する機会に恵まれた。二、三日おくれて藤島泰輔、小谷秀二郎《こたにひでじろう》（当時は京都産業大学教授）のふたりが合流してきた。「酒家《チューチャ》」とよばれた台湾独特の情緒のある店で食事をし、童謡や軍歌を歌った。次々と人を紹介され、名刺箱は短時日のうちに一杯になった。いまの台湾通の人々でも、この時代の「酒家」の浪漫的情緒は想像がつかないだろう。

一九七三年の夏だった。『浪曼』は林房雄《はやしふさお》、壇一雄《だんかずお》、保田與重郎《やすだよじゅうろう》、浅野晃《あさのあきら》らが同人で藤島泰輔が編集長、私は企画室長だった。

日本における台湾取材の窓口は東京の台湾大使館に相当する亜東《あとう》関係協会（現在の台北駐日経済文化代表処）で代表（大使）はベテラン政治家、馬樹礼《ばじゅれい》である。台湾へ行くと窓口は行政院新聞局、当然、私たちの取材窓口は国民党しかなかった。蔣介石の独裁時代だった所為《せい》もあり、気味が悪いほどに歓待された。

私はこのときまで台湾人が北京語のほかに台湾語というコトバを喋ることさえ知らなかった。同行した加瀬英明は英語に通暁《つうぎょう》しているが中国語は分からない。しかし街の人々の会話からたちまちにしてそれを峻別《しゅんべつ》した。通訳を務めてくれた陳燦暉《ちんさんき》（藤島泰輔の友人で欧陽菲菲《オウヤンフィフィ》の結婚式のときは通訳も務めた親日家。特許弁理士）が相手によってコトバを絶妙に使い分けているのを耳で嗅ぎ分けたのだ。台湾にはほかに客家《はっか》語があることも初めて知った。

同年秋、こんどは田中外交に反対する多くの自民党議員がＪＡＬをチャーターし、百人以上の現職国会議員が台湾を訪問することになった。いまの日本の国会議員で、これほど大胆な行動をとれる政治家は少ないから、当時の「反北京」の勢いがどれほどパワフルだったか。

灘尾弘吉《なだおひろきち》、椎名悦三郎《しいなえつざぶろう》という台湾擁護派の大物議員をはじめ玉置和郎《たまきかずお》、藤尾正行《ふじおまさゆき》、中川一郎《なかがわいちろう》、浜田幸一《はまだこういち》、中山正暉《なかやままさあき》、中尾栄一《なかおえいいち》といった青嵐会の面々が幹事役だった。なぜか私はそのとき随行記者団の幹事をおおせつかった。

記者団は大手新聞、テレビなどマスコミからの参加者ゼロ、地方新聞がひとりいたが、あとは『文藝春秋』など雑誌関係の記者が多かった。それほど日本の大手マスコミは北京の顔色を窺っていた。現地に残った特派員は産経新聞だけだった。

日本から大挙議員団が行くわけだが、いまでは台湾観光のシンボルとなった圓山《えんざん》大飯店はまだオープン前で、ペンキの匂いの残る宴会場で歓迎の祝宴が開かれた。

台湾は全島あげての歓迎だった。

八〇年代に中国の亡命者への取材が原点

そのうちに諸情勢が変化し、私的にも台湾へ頻々《ひんぴん》に出かけるようになった。まず飛行機で三時間半という近い距離感がある。

第一の理由は筆者が『浪曼』休刊後から貿易会社を始めたため、多くの台湾企業との取引関係ができたという個人的な理由があった。鉄鋼、建材、機械設備などを台湾に輸出した。

第二は台湾からの留学生の保証人を何人か引き受けた関係で、相手の両親にも会い、また親戚やクラスメートにもあうようになる。友人の輪が急激にひろがった。理由がよく飲み込めないままに台北建国中学の同窓会まで引っ張り出されたこともあった。

第三に取材を通じて知った多くの日本語世代が率直な意見を聞かせてくれるようになった。はじめて本省人のホンネにも接するようになった。最初の数年間、殆どの通訳をしてくれたのが陳燦暉で、御礼に彼の日本語の二冊の出版（『日本がとても心配です』、『先んじる発想法』）の手伝いをした。

この頃、「台湾独立」を求める地下運動の存在を初めて知った。迂闊《うかつ》だった。日本で台湾独立を標榜するグループの存在は知っていたが亡命政府のようでもあり、よもや台湾国内でも公然と活動し始めたことは一種の驚きだった。

一九八〇年代になると、街には「党外雑誌」といわれる独立運動系の民主派の雑誌が堂々と売られていた。蔣介石批判を公然と口にする人々とも出会う。台湾の二重構造を、理論ではなく肌で接触するようになった。

日本語の書籍を扱う書店を時折訪ねたがカーテンの奥には蔣介石政権が禁止していた書籍がずらりと並んでいたのも驚かされた。当時はまだ戒厳令下だった。

ともかく台湾各地を歩いて、その治安の良さ、人々の礼儀正しさ、温情。台湾を統治してきた日本人に恨みがましいことを一切口にせず、懐かしい雰囲気を漂わせていた。不思議な安堵《あんど》感があった。高雄《たかお》から澎湖《ほうこ》島へ行ったり、太魯閣《タロコ》から文山《ぶんざん》温泉に足を伸ばしたり、台北滞在中に時間があると基隆《キールン》、九份《ジューフェン》などにも足を伸ばした。金門《きんもん》、馬祖《ばそ》、膨湖など離島にも足を伸ばし、恒春《こうしゅん》とか嘉義《カギ》とかの田舎町も殆どを観た。台湾への渡航は百回を超えた。

一九七〇年代後半から八〇年代初頭にかけて文革が終息し、激変する政治状況のなか鄧小平《とうしょうへい》の改革開放の波に乗って、おびただしい留学生が中国大陸から米国へ欧州へ、そして日本へやってきた。彼らは実に短時日裡に日本語をマスターし、また真剣に学問を学び、知識を吸収していった（いまの中国人留学生の日本語の下手なことと対照的である）。

前後して中国大陸の留学生たちからも反政府、反共産主義運動の狼煙《のろし》が上がる。これは凄いことだ、と思った。

一九八二年、医学のためカナダへ留学していた王炳章《おうへいしょう》博士がニューヨークにあらわれ、戦後初めて中国に民主化を要求する『中国之春』を旗揚げした。『TIME』が特集を組んだので初めてそれを知り、私は数ヵ月後、NYへ飛んで王炳章ら数名の『中国之春』の幹部と会った。彼らは共産独裁国家からきたとは思えないほど自由闊達《かったつ》で、溌剌《はつらつ》と未来を語り、自由、民主、人権、法治を熱烈に述べた。台湾のみならず中国大陸にも夢があると感じた。とくに王博士は「日本の明治維新に学びたい。改革の源泉を知りたい」と言った。

同時平行して夥《おびただ》しい亡命者が大陸から台湾へ逃げ込むようになったのである。国民党はこれを「投奔自由」と表現し歓迎した。法外な懸賞金も軍人の亡命者には授与された。

筆者の取材先はぐんと広がった。

ミグ・パイロット（そのうちの呉栄根《ごえいこん》は韓国に着陸後台湾へ亡命した）、京劇俳優、チェロ奏者、医学博士、精神病医師、レーザー工学から物理学者、そして小説家にいたるまで。ついには魯迅《ろじん》の孫の周令飛《しゅうれいひ》も台湾へ亡命した。

こうして八〇年代初頭の四年間は亡命事件発生のたびに台湾へ飛んで、ほとんどの亡命者に面会しインタビューした。そういう取材をした日本人は私ひとりである。私はその記録を『中国の悲劇』（八六年、山手書房、絶版）にまとめた。チャイナウォッチャーの間に大きな反響を呼んだが主要マスコミは書評せず、ひたすら黙殺した。それどころか、北京の顔色を窺う日本のマスコミは産経を除き、一切の亡命事件を報道しなかった。

当時すでに台湾は独裁政治体制を徐々に民主化してゆく過程にあり、表現の自由が高まりつつあった。軍人以外は本音を喋る人が殆どだった。亡命者らは台湾の民主化は遅れているが、何よりもここには人間本来の自由がある。当時も今も中国に表現の自由も結社の自由もなく人々は監視され、秘密警察がある。台湾では生活するにも監視されたりすることもなく、いや職業選択の自由があり、人間として基本的な人間の尊厳をもとめる自由があると異口同音に言った。

決定的だった李登輝総統との出会い

蔣経国《しょうけいこく》は気がついていた。かれは米国を訪問し連邦議会やマスコミの独裁批判を身にしみて感得し、自分の死後の台湾政治を展望していた。後継者には本省人の李登輝《りとうき》を指名した。この蔣経国の「英断」に国民党の長老や中華思想組は驚嘆した。かくて哲人政治家李登輝の登場以降、中国の本家を名乗っていた「中華民国」は台湾においてさえヴァーチャルな存在でしかなくなった。

李登輝総統は就任から一千日のあいだに次々と静かな改革を行い、台湾民主化の基礎を造った。一九九六年には最初の民主選挙による総統選挙が行われ、中国がミサイルを撃ち込むなどの嫌がらせがあっても、大勝を収め、さらに民主化が進んだ。もちろん取材で筆者は台北にいたが、ミサイルにおびえる台湾本省人は皆無に近く、外省人の一部が慌てて海外へ逃げる準備をしている様子を冷ややかに嗤《わら》っていた。

「逃げる奴はさっさと台湾から出ていってもらいたい」と。

いまの台湾は実質的には「台湾共和国」という、紛れもない一個の独立国家である。しかし孫文以来の「中華民国」という亡霊を建前上、台湾の政治は続けているにすぎない。この虚構の維持は台湾人の知恵と言ってよいのかもしれない。

台北市の忠孝《ちゅうこう》東路にある「国父（孫文）記念館」は訪れる人がすくない。ところが北京はヴァーチャルな国家としてしか存在していない中華民国という幻像をいまも実像と誤認しているため、「台湾共和国」としての現実のほうは認め難いという矛盾がある。

台湾は人口の八五パーセントが本省人（日本統治時代以前から台湾に渡った人たち）、一三パーセントていどが外省人（日本統治終了後、大陸から来た人たち）で、ほかに少数の先住民がいる。

外省人のなかには北京と同様に激烈な中華思想の持ち主がいまも存在するが、「蔣介石時代の国民党の残党」（統一派）の一部が北京の呼びかけ「ひとつの中国」と思想的に共鳴しているくらいである。

外省人のなかでも知識人の多くは「台湾へ逃げ込み、少数派が多数派を力で統治し、戦後の台湾を壟断《ろうだん》した」事実を「外省人の原罪」と認識している。「台湾人に生まれた悲哀」（李登輝）と対比的に「台湾で育った外省人の原罪」という意識だ。この比喩を直接、筆者に吐露したのは前の駐日大使、馮寄台《ふうきたい》だった。

蔣介石独裁時代には台湾でも中華思想の歴史教育を徹底させた。故宮《こきゅう》博物院へいくと「中華八千年」の歴史を獅子吼《ししく》しており、学校では子供達に反日を教え、日本語教育は禁止されていた。中国でも「中華五千年」と謳うが、台湾は八千年！　客観的に言えばシナの歴史は秦始皇帝《しんのしこうてい》から二二〇〇年だ。

そうした状況を李登輝元総統は司馬遼太郎《しばりょうたろう》との対談で「台湾に生まれた悲哀」と比喩した。台湾人としてのアイデンティティは国民党によって歪められた。

それを恢復《かいふく》しようと動いたのが李登輝だから台湾国内の統一派と中国は「反李登輝」という文脈では利害が一致することになる。根本的な差は国民党による統一か、中共による統一かの違いだけだが、いまや事実上の「第三次国共合作」だから、その点でさえどうでもよくなったのではないかと思うことがある。

侵略する中国、冷酷な日米

第二次世界大戦後、台湾は中華民国の支配下に入ったが、多くの外省人が逃げ込んできたのは一九四九年、国民党が共産党に敗れ、台湾に避難してきてからだ。延安《えんあん》の洞窟に籠もった散発的ゲリラ、というより山賊に近い匪賊《ひぞく》で共産主義なるイデオロギーに粉飾されたカルト集団を率いた毛沢東は、ソ連の援助を得ることで俄《にわか》に優勢になった。

一九四五（昭和二〇）年八月、日ソ中立条約を破棄して旧満州に怒濤のごとく侵攻したソ連は、当初日本軍の激しい抵抗を受けた。

ところが天皇陛下の玉音放送によって日本軍は武装解除へ唯々《いい》諾々《だくだく》と応じたために日本軍の兵器はソ連に接収され、その多くが毛沢東に横流しされた。国民党と共産党の軍事力のバランスが突如逆転した。これが直接の原因となって蔣介石は毛沢東に負けてしまうのである。

爾後、どちらが中国の本家か、国共内戦の宣伝戦争、神経戦の延長戦が延々と国際政治の表舞台で戦われてきた。決定的になったのは一九七一年に国連で「中華民国」の議席が中国国民党政府から中国共産党に変更され、台湾が国連を脱退した直後からだ。

中国共産党が率いる中華人民共和国は、日本軍と戦ってもいないのに「戦勝国」となって常任理事国入りした。この中華人民共和国を米国も一九七九年に承認し、かたや面子を傷つけられた中華民国は国連から脱退し、事実上「台湾共和国」になった（北京が委譲をうけた国連の席は二〇一四年現在も「中華民国」のままである）。

もっとも完全に独立して台湾共和国となるには残滓《ざんし》として蔣介石時代の憲法（自分たちこそ本家中国であるという前提の憲法）を整理する必要がある。完全な独立のために李登輝は「制憲」を主唱し、陳水扁前総統は「修憲」を主張した。

しかしながら台湾が頼みとしてきた米国が中国の経済成長と軍事力の飛躍的拡充を前に大きく台湾政策を後退させた。とりわけクリントン政権後期からは北京を「戦略的パートナー」と位置づけた。米中関係は冷え冷えとした「戦略的競合者」という関係から「戦略的パートナー」に格上げされ、ゼーリック世銀前総裁は、その国務副長官時代（ブッシュ政権前期）に、「米中関係はステーク・ホルダー」と礼賛《らいさん》するに到った。

二〇〇九年一月一二日北京で開催された「米中国交回復三〇周年記念写真展」の開幕式に米国から馳せ参じたのはカーター元大統領夫妻、キッシンジャー元国務長官、そしてブレジンスキー元大統領補佐官である。記念講演に立ったブレジンスキーは、「米中関係はいまやG2の関係であり米欧同盟、日米同盟と等価である」と絶賛賞賛礼賛のレトリックに終始した。ブレジンスキー元大統領補佐官はイランの核武装問題やパレスチナ問題で「中国は米国とともに外交的努力を傾け世界システムの安定に貢献できる」と中国を持ち上げた。

「米中関係は二一世紀にもっとも重要な関係だ」と『フォーリン・アフェアーズ』に寄稿して日米関係を度外視したヒラリー・ローダム・クリントンは国務長官指名公聴会で次の証言をした（二〇〇九年一月一三日）。

台湾に関して言えば中国沿岸から離れた島は自立的に統治されている。オバマ政権は台湾と中国がその差違を平和的に解決することを支援し、両者が現状維持を離れた挑戦をなすときはこれを受け入れない。中国は台湾が領土の一部であると主張し続けており、陳水扁は、これに異議を唱えようとしたが馬政権は現状維持路線だ。人権と宗教の自由を尊重し、チベット人がほかの中国人と和合しうるのならば、その宗教、文化は尊重するべきである。米国はあらゆる公的な、或いは私的な機会を通じて中国に『人権』の尊重を訴え続ける。

これがチベットを含めた台湾問題を人権とからめた米国の路線であり、チベット同様に台湾の独立は支援しないと明言しているに等しい。

ヒラリーは二〇一三年になって「G2は存在しない」と高らかに否定したが、オバマ政権の対中政策は経済で協力的であり軍事的には対立的であるように基軸は曖昧なままである。

その後、米中は習近平が言いだした「新しい大国関係」になるかと思えば、オバマ政権は「アジア・シフト」と「リバランス」を主張し、むしろ対立的となった。

とはいうものの台湾からみれば米国と日本は頼りにならず、中国経済に依存せざるを得ない台湾経済は自ら空洞化の陥穽《かんせい》に陥った。政治的には世界で孤立を深めるかに見える台湾、いったい何処へ行こうとしているのだろう?

第一章

台湾はどこへ行くのか

台湾の国宝は故宮博物院ではない

新聞が大きく報じたのでご存じの読者も多いだろう。二〇一四年六月、台北《たいぺい》にある故宮《こきゅう》博物院の名品がずらり、東京へ運ばれて国立博物館で展覧会が開催され、連日超満員となった。とくに「翠玉白菜《すいぎょくはくさい》」の展示には連日、千名を超える人々が列をつくった。

内覧会をオープン前日に行うというので、招待状をいただいた筆者も上野へ駆けつけたが、セレモニー会場からはみ出すほど長蛇の列、ここで評論家の高山正之《たかやままさゆき》、石平《せきへい》、古田博司《ふるたひろし》（筑波大学教授）とあった。入り口で藤原正彦《ふじわらまさひこ》（数学者）らとすれ違った。国宝「翠玉白菜」の展示室は別棟、こちらは内覧会といえども一時間待ちというので、筆者は見ないで帰った（過去に何回か台北の博物院で見ているので）。

「新聞が騒いだのは協賛した一部のマスコミがポスターから「国立」を外したため台湾が抗議し、馬《ま》総統夫人が出席を延期した。「国立」と付けるのは台湾を国家と認めることとなり北京《ペキン》に悪い印象を与えるという自虐史観が突出した結果だろう。

しかしこの小さな騒ぎで日本人の多くが、はっと気がついた。故宮博物院の宝物は「台湾の宝物」ではなく、中華思想まるだしの蔣介石《しょうかいせき》政権がその合法性を誇示するための三種の神器にすぎず、台湾の本省人からみれば「これらの宝物は北京に返してしまえ」ということになるからだ。中華文明五千年を自慢するのは漢族史観を基軸とする中華思想で、台湾人の多くは戦後教育はどうであれ、土着伝統的文化と中華思想は関わり合いが薄いと考えている。

台北の故宮博物院へ日本人は観光パック旅行で行く団体客が多いが、この中華文化の粋《すい》を集めた場所を見るのが好きである。筆者自身、過去四二年間に一〇回は見ている。行く度に展示品が替わっているので見飽きるということはないが、時計を見ながら展示室を特定して順番に拝観することにしている。故宮博物院は〇七年にリニューアル・オープンし、ガラス張りのフロアや洒落《しゃれ》た喫茶店もできた。昔の同館内の喫茶店はシナ風だったのに、いまのカフェはすっかり西洋風となった。

蔣介石は「三種の神器」のごとく数千年にわたる中華文明の宝物を大切に扱い、「中華文明の正当性は吾にあり」とばかりに南京《なんきん》から四川《しせん》省の重慶《じゅうけい》に移動させ、むしろこれらの宝物を兵員輸送より重視して最後に台北に運び込んだ。義和団《ぎわだん》の争乱で列強がゲリラ暴徒を跳ね返したとき、英仏独露は強奪をむしろ奨励したが、故宮博物院を断固として略奪から守ったのは日本軍だった。中国は、その恩義をすっかり忘れている。

人形劇こそ台湾の伝統

早稲田大学に台湾研究所が設立されたのは二〇〇三年である。記念シンポジウム（西川潤《にしかわじゅん》所長、中嶋嶺雄《なかじまみねお》司会）では台北と東京をインターネット回線で結び、筆者もそれを利用して直接、陳水扁《ちんすいへん》総統と話し合う機会があった。総統に筆者は第三次国共合作の有無について質問をした。

翌二〇〇七年にも同研究所は台湾文化のイベントを盛り上げた。台湾から人形劇一座がやってきた。「台湾文化週間」の記念レセプション（〇七年一一月、早稲田大学井深大《いぶかまさる》記念ホール）で許世楷《こうせいかい》駐日台北経済文化代表処代表（当時）が「子どもの時の懐かしさ、お祭りでかぶりつきでみたのが台湾独特の人形劇だった。昨今の世論調査でも『台湾のイメージは？』との問いに（一）人形劇（二）玉山（新高山）（三）『台北一〇一』（超高層ビル）との調査結果があった」と紹介された。

人気トップに輝くほどに台湾の人形劇は庶民から親しまれている。日本の伝統芸能でいえば歌舞伎に匹敵するほどの芸術。ただし庶民向き。台湾文化週間のイベントに出席した筆者は人形劇の観劇中、許大使夫妻の隣に座らせてもらった。許は台湾独立運動に挺身《ていしん》したため日本で三三年間を過ごしたが、事実上の亡命生活だった。蒋介石時代は「独立派」の人々がブラックリストに載っていた。許世偕も独立運動に携わっていたため国民党から手配され、台湾へ送還されそうになった経験がある。このときビザの延長を働きかけたのは許の恩師の我妻栄《わがつまさかえ》、その古き友人である岸信介（当時、首相）が背後で奔走し法務省を動かした。そういう人物が日本大使として赴任したのだから台湾政治は変った。

台湾の人間国宝と言われる鍾任壁《しょうにんへき》が団長の一座は「新興閣掌中劇団」。もともとは台湾中部の西螺《シーラ》から始まった。この地方は大陸から少林寺拳法と人形劇が最初に伝えられた。鍾任壁の「新興閣掌中劇団」は二百年の伝統があり、祖先から五代目。息子ふたりと孫の七代がそろっての熱演だった。

鍾は開演前、流暢《りゅうちょう》な日本語で「日本時代は良い教師に恵まれて有り難かった」と述べ、劇に登場する人形の解説、動作、宙返り、性格などを訥々《とつとつ》と語った。

日本時代には、この人形劇には月形半平太《つきがたはんぺいた》、鞍馬天狗《くらまてんぐ》なども混ざって在台湾日本人にも親しまれたという。往時は大劇場に千名前後もあつまるほどの盛況ぶりで、連続一年の連載ストーリィもいくつか上演されたというから戦後日本の紙芝居ブームとも似ている。

精緻な人形は表情を変え、こまかな動作を連続しながら空中を飛び、踊り、かけ、よろめき、倒れ、そして活き活きと走る。唐獅子、子どもたちの龍踊り、帽子つかいの爺、旅芸人が持つ壷を頭の上で回転させる絶妙の演技などのあと、大団円は『西遊記』の「火雲洞」だったが、特別に日本語の解説がついた。

孫悟空が紅苅児という妖怪に敗北、観世音に助けを求める。観世音は妖怪を赤子に変えて脅威をなくし、三蔵法師一行は危機を乗り越えて天竺へ向かったとさ。

この大がかりな仕掛けのある劇の見所は変化の速さ、変身の鮮やかさ、妖術の剣戟は、いきなり一〇個、一二個の孫悟空と妖怪がでてきての大活劇だ。

許世楷大使が比喩したように「古き良き時代」を懐かしむ、それでいて柔らかな台湾文化の懐の広さが堪能できて感動の時間をすごした。故宮博物院の宝玉とは対照的である。

そうだ、台湾を懐かしむ理由のひとつは、このような田舎歌舞伎に似た劇団が、四半世紀ほど前までの台湾ではそこかしこにあったことだ。四半世紀前、台北に滞在していたおり夕食がおわって松江路《スンチャンルー》の定宿へ帰る途中も小さな公園でやっていた。すっかり友人となっていた陳燦《ちんさん》暉《き》と一緒にみた。夕涼みがてら付近の人々が見に来ていた光景は懐かしさとともに網膜に強く焼き付いている。

新幹線開通で台湾経済は飛躍したか

二〇〇七年に開通した台湾新幹線は全長三四〇キロ。わずか九〇分で台北―高雄《たかお》を結ぶ。それまでは特急「自強号」でも五時間以上かかった。新幹線終着駅は高雄郊外の「左営《さえい》」である。ここから高雄市内には地下鉄で入る。「営」というのは中国語で軍事基地をさす。戦前、日本軍の基地がここに置かれた。

この台湾新幹線のプロジェクトは独仏連合で決まりかけていたものを李登輝《りとうき》総統の鶴の一声で逆転、日本式と決まった経緯がある。

「なぜ急転直下、日本にお決めになられたのですか？」と筆者は李総統に直截《ちょくせつ》な質問をぶつけたことがある。「新幹線工事の数年間だけではなく日本式になれば、その後も運転、メインテナンス、技術更新などで半永久的に日本とのつながりが維持される。だからですよ」と深謀遠慮の背景を教えられた。

台湾新幹線、すでに何回も乗ったが、静かな車内、日本とおなじ「七〇〇T型」車両だから揺れもすくない。ビジネス出張組も多いようで、むしろ家族連れや行楽客が少ない。物珍しさからか外国人観光客が目立った。新幹線に慣れている日本人から見ると少し奇妙な風景は、いったん改札からプラットフォームへ入ると売店がないことだ。駅舎のなかにはコンビニが競うように入っているのに。

難点は新幹線の各駅から市内までが遠く、アクセスが悪いことである。たとえば台南《たいなん》駅は市内から飛行場へ行くより遠い場所に駅舎がポツンと建てられている。市内までクルマで三〇分以上かかるので遠距離客を狙うタクシーが長い列、田圃《たんぼ》の真ん中である。やや市内に近いのが台中《たいちゅう》駅だが、それでもタクシーで一五分近くかかる。

このため在来線で移動する旅客がまだまだ多く、また生き残りをかけて乱売競争が続く航空各社の事情もあり、飛行機代が新幹線より安い。したがって新幹線の集客が軌道に乗るまでに時間がかかった。

逆に新幹線開通で利便性が増したのは台湾が力をいれるサイエンス・パークである。新竹《しんちく》、台中、台南、高雄の四箇所には巨大なサイエンスパークがあるが、世界最先端のＩＴ産業が密集していて、横の連絡が飛躍的に便利となった。

台南のサイエンス・パーク（正式名称は「南部科学工業園区」）を見学した。この団地の中を南北に新幹線が突き抜けており、駅にも近い。だから日本企業を含め外国から開発研究機関の増設ラッシュ。ここは集積回路、バイオ、ＩＴのメッカで最近は中国からの産業スパイを警戒しているともいう。当時、液晶パネルと新素材で世界的な奇美《チーメイ》実業は同敷地内に五つも大工場を稼働させていた。

「台湾は大陸と異なって民主、法治の国で特許が守られています」と呉盟分《ごめいふん》管理局副局長が説明した。

台湾一のノッポビル（台北一〇一）や温泉ブーム、若い女性には西門街の買い物にも人気が集まり、日本人中年女性が大挙してくるのはグルメとエステが目的だという。

〝新名所〟八田與一の烏山頭ダム

〝新名所〟として注目を集めている場所のひとつは日本人技師八田與一《はったよいち》が中心となって設計し、建設・開発した烏山頭《うさんとう》ダムだ。

台南から山の奥へ。謳《うた》い文句は「藍天緑地、水藍有気」。正式には「烏山頭水庫風景区」と呼称され、このダムは珊瑚《さんご》状に形成された沖積式ダムである。やはり数年前、このダムを見学に行った。同行したのは花田紀凱《はなだかずよし》(『WiLL』編集長)、堤尭《つつみぎょう》(元『文藝春秋』編集長)、作家の中村彰彦《なかむらあきひこ》、コラムニストの高山正之《たかやままさゆき》の各氏だった記憶がある。

付近は風光明媚な公園が造成され、瀟洒《しょうしゃ》なリゾート・ホテルも建った。台湾に貢献した有名人は後藤新平《ごとうしんぺい》、乃木希典《のぎまれすけ》、明石元二郎《あかしもとじろう》など多いが、台湾南部にダムをつくった八田與一はそれまで日本においてさえ無名に近かった。

台湾の親日派有識者が静かに評価し始め、李登輝の講話にも度々引用され、ついには八田與一物語が虫(手塚)プロでアニメになった。

農地が水害と干魃《かんばつ》で不作に悩んだ嘉南《かなん》平野(南北一一〇キロ、東西七〇キロ)に潅漑《かんがい》と排水工事を断行し、豊富な水をもたらした。

石川県人で東大工学部卒の秀才、八田與一がダムを設計・建設し、網の目にように用水路

（全部で一万六千キロに及ぶ）を敷設した。日本政府が資金も提供した。その結果、二毛作どころか三毛作も可能になり、台湾の農民は豊かになった。現地には八田を記念する石碑、記念館も建てられ、風光明媚なダムの湖水には遊覧船も浮かぶ。俄《にわか》に日本人のツアーがここまで南下し始める。石川県からは何回もチャーター機が飛んだ。

マンゴー、ライチ、パパイアなどフルーツも安くて美味しいので、女性グループも八田與一の名前くらいは覚えて帰るという。

台湾にもいる「反日カルト」

ところが一方で、世界一「親日」といわれる台湾においても中華思想を奉ずる「反日派」の暗躍が存在するから政治はややこしい。

台湾は「親日感情」が強いため、まさか反日活動家がいるかと訝《いぶかし》る読者がいるかも知れない。しかし蔣介石が台湾へ逃げ込んで以来、教育現場では日本語を禁止し、日本映画の放映を年間数本に抑え、週刊誌なども輸入禁止だった。反面で中華思想の歴史教育を施した結果、大陸同様の「反日カルト」が台湾にも生まれた。

典型例は芝山巖《しざんがん》（台北市士林区）にある「六士《ろくし》先生の墓」と「伊藤博文《いとうひろぶみ》公記念碑」をめぐる親日派vs反日派の見えない〝戦争〟である。

一八九五年の下関条約で台湾を割譲《かつじょう》されたことにより日本から伊沢修二《いさわしゅうじ》が音頭をとって前途有為の青年が台湾に教育を近代化させるために赴任した。一二〇年前である。

台北郊外の芝山巌のお堂を借りて教室（士林国民小学校の前身となる芝山巌学堂）とし、付近の村人を集めて教育をはじめた。六人の教員と一人の用務員が「恵済宮《けいさいぐう》」の粗末な宿舎に泊まり込んだ。翌九六年の元旦、土民、匪賊《ひぞく》百余名がここを襲い、日本人全員が惨殺された。

反日派はこれを「匪賊ではなく愛国烈士《あいこくれっし》」と呼び、台湾の篤志家《とくしか》（親日派）が寄贈した「六士先生」の墓を傷つけたり、伊藤博文が六人を追悼した石碑を横倒ししたりする嫌がらせ事件がつづいた。

芝山巌は陳水扁が台北市長時代に、公園として整備され、歩道も設けられて観光名所のひとつにもなった。六氏先生の墓を再建し除幕式には伊沢修司の末裔、犠牲となった教員の末裔・小田村四郎《おだむらしろう》元拓殖大学総長も駆けつけられた。

森喜朗《もりよしろう》元首相が訪れた時は李登輝がわざわざ道案内をして芝山巌の長くて峻険《しゅんけん》な階段を登った。

公園としても美しく整備され、恵済宮を中心に洞点岩、蛇蛙岩、古城門、石龍、石硯、石墨、蝙蝠洞など「名所」がところ狭しと寄り添って近年は三重の塔も建立された。ついでながら筆者も初めてこの墓を詣でて以来、随分《ずいぶん》と日本の物書き連中を芝山巌に案内した。

馬英九総統に直撃インタビュー

本省人《ほんしょうじん》の総統が二代連続し、二〇〇八年三月の総統選挙で、外省人政治家の馬英九《まえいきゅう》に代わった。

その前に筆者は馬英九の独占インタビューに成功した。その模様を直後に掲載した『週刊朝日』から抜粋してみる。

〝国民党のプリンス〟と言われ、蔣経国（元総統、蔣介石の息子）の通訳をつとめた馬英九はハーバード大学卒業。甘いマスクに長身、スポーツ万能。女性の追っかけがつくほどに台湾では外省人を中心に人気が高い。しかし金銭スキャンダルで起訴されたため国民党主席を辞任し（〇七年二月）、支持率が急落した。

このことを十分にわきまえている馬氏は、開口一番「私が〝反日家〟のように言われているがトンでもない。日本は重要な国です」と笑顔を見せた。

——ずばり伺います。あなたが台湾総統になったら北京と妥協して、すぐにも「統一」問題の話し合いをするのではないか、不安が拡がっていますが？　北京の唱える〝台湾統一〟の本心は何でしょうか。中国経済にビルトインされてしまった台湾は、中国にのめり

馬英九総統と会見中の宮崎（左）

込み過ぎたのか、それとも中国にとって台湾経済を無視しては、経済が成り立たないから威嚇的恫喝的態度を改めているのですか？

馬「統一？　それは中国が民主化されてから話し合いを始めるという意味で、日本では大いなる誤解があるのでは？　きっぱりと言っておきますが私は中国大陸への訪問を考えてはいません」

（北京へおもねって大陸訪問を繰り返す国民党前主席の連戦《れんせん》（元副総統）や親民党主席の宋楚瑜《そうそゆ》（元国民党秘書長）との「違い」をそれとなく力説した）。

――最近インドも訪問されたようですが

馬「ええ。インド政界の要人と会ってきました。最近日本も二回訪問し、政界有力者と会いましたし、中田宏横浜市長（当時）とも会談した。その前の訪問では石原慎太郎都知事（当時）とも。米国ではゼーリック（当時国務副長官、前世界銀行総裁）とも懇談してきました」

――訪米の狙いは武器システムの購入問題でしたか？　なぜなら米国は台湾が防衛兵器を米国から買うと約束しながら三年も予算を成立させず、「それなら台湾は自分で守れ」と突き放す議員も多かった。台湾にとって米国は外交の要でしょう？

馬「P3Cオライオン、パトリオット迎撃ミサイル・システムの最新型など、先般、国民党も賛成に回りちゃんと予算は成立してます。誤解が拡がったのは潜水艦を買わなかったからです。（米国が売ろうとしていた）旧式ディーゼル駆動の潜水艦は我が国に不向きですから」

――しかし中国は台湾向けミサイルを九百基も実戦配備している。このような中国とのビジネス拡大をなぜ重視されるのですか？

馬「外交関係のない国々と我が国は自由貿易区を設定しFTA締結の代替を考えています。我が国が国際的孤立をうめていく手だては経済、貿易の拡大であり、台湾全体を自由貿易区にする構想を推進した蕭萬長《しょうまんちょう》（元首相＝本省人）を副総統に選んだ。とくに中国と我が国とは直航便がないので（日本の）沖縄経由で大陸に貨物を出していますからそのトランジット・フィーだけで日本の収入は膨大になる」

（さすがに蔣経国の通訳経験者だけあってパーフェクトな英語をあやつる。馬英九氏の外交ブレーンには大使経験者が囲む。台湾のマスコミは国民党系なので多くが馬英九支持である）。

――米国の台湾への理解はブッシュ政権発足時に大きく期待された。前のクリントン政権の「曖昧戦略」を捨てたかに見えた共和党でしたが、近年またまた米国は台湾につめたくなったようです。原因は米国の中国重視、「戦略的パートナーシップ」を謳うからですか、それともゼーリック前国務副長官、ポールソン財務長官ら親中派政治家が対中政策を立案しているからでしょうか？　将来の米台関係はどのようになると予測されますか？

馬　「（『米中はステーク・ホルダー』と言った）ゼーリック氏とは訪米のときに懇談しました。曖昧戦略も修辞的語彙《ごい》と言って良い。いいですか、クリントン政権の『曖昧戦略』なるものにも政策的基礎は台湾への信頼があった。米国は一九七九年以来、『中国はひとつ』という基本路線を変更していない。歴代もっとも台湾に親しいブッシュ現政権でさえ、この路線を継承している。にもかかわらず民進党政権は独立色を全面に出したり引っ込めたり、国民投票を呼びかけて米国の不信感を招いたりして情況を不安定にした。つまり米国との間に長く培われてきた信頼関係を傷つけ、現状維持を望む米欧日など関係国との間に不安定な情況をかもし出した。我々は『ピースメーカー』を目指しても『トラブル・メーカー』であってはならない。だから米国との信頼回復が一番大事でしょう」

――では大陸との関係も現状維持政策を継続する？

馬「好き嫌いはともかくとして中華民国を外交的に承認している国々が二〇数カ国あり、一方で北京五輪には『中華民国』でも『台湾』でもなく『チャイニーズ・タイペイ』として代表団を送ります。大陸とのあいだに限らず主要な諸外国とも正常な外交関係がない以上、こうして通商、文化、スポーツ交流を拡大することによって現状維持路線を続けておくことが大事です」


（『週刊朝日』、二〇〇七年七月一七日号）

こうして馬英九総統は米国高官との強いコネを強調し、またインド訪問など自ら積極的に話した。要するに世界の顔になった、と示唆するのだった。話し方に嫌みも傲慢さもなく、むしろ自信にあふれていた。陳水扁前総統が台北市長時代にインタビューした経験もあるが、恰《あたか》も総統になったように自信に溢れて陳水扁が喋っていた光景を思い出したのだった。

多様化する台湾人のアイデンティティと大和解の可能性

民進党の有力政治家、葉菊蘭《ようきくらん》女史と東京で会った。

彼女は鄭南榕《ていなんよう》烈士の未亡人で、元高雄市長。閣僚経験者。世間では次期総統選挙に「副総

「私は和解の伝道師」とかたる葉菊蘭女史（鄭南榕未亡人＝右）

統」候補に推されるとの観測が強かった。

　鄭南榕烈士は「台湾の三島由紀夫」と言われ、外省人であるにもかかわらず「台湾独立」運動に挺身し、言論の制約があった雑誌に改憲論文を掲載（その改憲試案を書いたのが駐日前大使の許世楷だった）、官憲が踏み込む前に事務所に火をはなって壮烈に自決した。最愛の夫をなくした葉菊蘭は台湾政治の理想のために政治家になった。

　彼女は言った。

> 　台湾国民が政治に冷淡になったのは与野党それぞれの内部抗争に嫌気しているからだ。あの喜ばしい政権交代（二〇〇〇年）のあと、なぜ新しい国家に台湾は生まれ変われなかったのか。国民の台湾

人意識はどう変わったのだろうか。

台湾二千三百万国民のうち、外省人三百万人、軍人ＯＢと公務員が多い。客家が四百万人いるがホーロー語がわからない（ホーロー語とは福建語が土着化した台湾語のこと）。最近、ベトナム、インドネシアからの花嫁も増え、新しい台湾人の母親にもなっている。文化が急速に多元化している。

二〇年前、私が立法委員（国会議員）となったとき国民の台湾人意識が薄く、自身を台湾人と認識している人は五パーセントもいなかった。いまでは台湾人と自己認識している国民が七〇パーセント。しかし同時に中国人であると認識している国民も多い。かように台湾人のアイデンティティは複雑多様。蔣経国も馬英九も「台湾は中国の一地方」という認識は同様で、台湾を独自の文化圏とは認識していない。

孫文を支援していたころの日米欧は、かれの中華ナショナリズムをも支援したわけではなかった。しかし、今後台湾を正常な国家、普通の国にしてゆくためには旧敵とも「和解」しなければならない。

こうして民進党が和解を主唱したのは自信の現れであり、外省人にも手をさしのべて、政治に冷淡だった客家にも呼びかけ、台湾のために「共生しよう」と言った。

葉菊蘭は力強くこう続けた。

私は台湾政治の理想の伝道師を目指します。共生のあと台湾の大問題は中国である。武力による威嚇、軍事的脅威である中国といかに台湾政治は対応していくのか。民主、法治の台湾は脅威を拒絶する権利があり、わたしたちは犠牲を恐れず、この台湾の国民、生命、財産を守るべきである。正義を守るべきである。多数が少数を尊重し、強者は弱者を救わなければならず、また経済成長が環境を破壊してはならず、人と人とは多元的価値を尊重し、まごころで当たらなければならない。台湾は国際的に孤立している。国際間のコミュニケーションのネットワークを確立することも台湾の安全保障に繋がる。国連から追い出された中華民国の幻の体制を脱却し、濃い孤独感を克服し、国際社会に正義を問うべきである。

台湾は民主主義国家、それを呑み込もうとする全体主義国家の横暴を、隣国である日本がいままでのように放置しておいてよいのだろうか、つくづく考えさせられた。

第二章

日台関係の変容

「台湾の国際的地位は未定」は外交常識ではないのか

二〇〇八年、駐台湾日本代表（交流協会代表＝事実上の日本大使）は齋藤正樹《さいとうまさき》から今井正《いまいただし》に交代した（二〇一一年からは大橋光夫《おおはしみつお》、現在は沼田幹男《ぬまたみきお》）。

この唐突な人事の背景にあったのは〇八年五月に齋藤代表が嘉義《かぎ》の中正大学でおこなわれたシンポジウムの席上「台湾の国際的地位は未定」と日本政府の所見をのべたことに対し馬英《まえい》九《きゅう》総統が強く反発し、面会拒否を続けたことによる。外交上、あり得ない大使との面談拒否は、暗黙の大使更迭《こうてつ》要求だった。

台湾はポツダム宣言受諾により日本がサンフランシスコ講和条約で放棄したが、その帰属は未定であり、現在の中華民国なる存在は国際法上、合法性はない。

蔣介石《しょうかいせき》が台湾へ逃げ込んだあとに「中華民国」の領土として既成事実化したもので、日本の外交解釈に従って発言した齋藤元代表の見解が正しく、日本の新聞が台湾メディアと同様に批判した「失言」という表現は正しくない。

ところが日本外務省は馬の暗黙の辞任要求に屈服するかのように、齋藤の更迭をきめ、今井正（前沖縄担当大使）を送り込んだ。

その後、正式に発表がなされると、

今井氏は宮本雄二《みやもとゆうじ》駐北京《ぺきん》大使と外務省入省が同期であり、いかに日本が台湾を重視しているかの現れである。たしかに今井氏は両岸（台湾と中国）関係に詳しくないが、日台関係の修復に前向きであり、日本の台湾重視を反映している。なぜなら今井氏はイスラエル、マレーシア大使を歴任し、南アジア通だから。（『連合報』、二〇〇八年一二月五日）

なぜイスラエル大使経験だと南アジア通なのか、説明がない。ところが国民党系のメディアは次のように分析した。

齋藤代表の〝離任〟は日本の台湾に対する善意の現れ。過去一〇年きわめて友好的だった日台関係が停滞する失言をなした齋藤氏にかわって今井氏が台湾に赴任するのは日本が正常化をのぞむ証拠である。（『中国時報』、一二月三日）

こうした珍解釈は〝お笑い種《ぐさ》〟と言って良いだろう。北京大使と外務省同期だからといって、能力と外交センスは別物。それがなぜ「日本の善意」と論理が飛躍するのか、不思議である。むしろ台湾が北京におもねっている心理が見え隠れする論評ではないのか。

また同時に日本の外務省が台湾の要求を呑んだことは外交的敗北なのに日本のマスコミにそ

ういう論評はでなかった。

これは日本も台湾も双方が主権を喪失しているにもかかわらず自らそのことを認識できていないという外交常識の欠如、その惨状を示しているのである。

戦後台湾史を生きた日本通の外交官

そこで筆者の親しい友人でもあった故張超英《ちょうちょうえい》（在日台北《たいぺい》代表処元顧問・元新聞広報部長）が書き残した一冊の本のことを書こう。

『国際広報官・張超英』（まどか出版）の原書の題名は『宮前町九十番地』という。これは二〇〇六年に台湾で上梓された原典の邦訳である。主人公・張超英の「小説よりも奇なり」、波瀾万丈の生涯が淡々と語られ、随所《ずいしょ》に台湾への愛着と熱血が流れていて感動的な読み物である。日本と台湾の交流史としても凡庸な物語より遙かに面白く、だから華字圏で多くの読者を得た。日本時代の台湾神社の門前町だったので往時「宮前町」と命名され、その九〇番地が張家の大邸宅だった。

こんにちの圓山《えんざん》大飯店（台湾神社跡地）から台北市のメインストリート中山北路《ちゅうざんほくろ》二段が当該地である。四半世紀ほど前、著者は張超英と台北市内でなにかの宴席の帰り、タクシーに同乗して台湾セメント本社あたりを通過したとき、ぼつりと彼が言った。

「このあたりが我が家だった」

対面の建物（当時はフォーチュンホテル）を指さした。いま周辺は三井、三菱など日本企業の入居するビジネス・ビルが林立、北の一角に上島珈琲店がある。そのとき私は初めて張超英の華麗な家柄の歴史を知った。

張が台湾のことを語るとき、台湾人のひとつの典型的な人生の軌跡が理解できる。彼の祖父は炭坑経営であてて財産を築き、台北の一等地に一千坪を超える広大な敷地を構え、そのなかに邸宅があり表通りを中華民国政府大使館（汪兆銘《おうちょうめい》政権）に貸していた。戦後、蔣介石軍が進駐してきたときは張家の建物にアンテナが建てられ、蔣介石のクルマが並んだこともあった。宮前町九〇番地は正に台湾の近現代史の歴史的なスポットであり、張はその歴史の現場を目撃してきたことになる。

抗日運動に青春を燃やし機関誌までだしていた張の父親。その熱血を継いだ張超英は徹底した台湾の愛国者であり、自由と民主を祖国に実現するために奮闘した外交官だった。

張超英はローカル色豊かな台湾人というより、むしろ自由、民主という共通の価値観のために連帯する「国際人」だった。教養も豊かだが、つねに国外情勢に通じていて物事を深く判断した。視野が広く該博《がいはく》な知識の持ち主だった。しかも並の日本人より達者な日本語、くわえて英語も流暢《りゅうちょう》だった。

ハイスクールは香港《ほんこん》、大学は日本である。留学生時代には神楽坂《かぐらざか》にも住んで、のちに麻雀を題材に流行作家となる阿佐田哲也《あさだてつや》らとも親交があった。皇后陛下の学生時代にダンスパーティで話し込んだ思い出もあるという。

日本のメディアを台湾問題に開眼させた

張は一九七二年の日華断交以後、台湾が国際的に孤立するという、もっとも難しい時代に駐日台湾大使館（正式には「台北駐日経済文化代表処」。当時は「亜東関係協会」といった）で新聞組長（新聞広報部長）として日本のマスコミ対策の任にあった。そのときに筆者も知り合った。

戦後、台湾の行政院新聞局に勤めて日本対策の任にあたった台湾人の「日本語三羽烏」とは黄老生《こうろうせい》、鐘振宏《しょうしんこう》、そして張超英の三氏。この順番でわたしも知己《ちき》を得たのだが、張は初対面のときからハイカラな人格と知的な仕草が印象的で、長い米国勤務を経ての日本赴任だったため前任者とまったく趣きを異にした。

台湾報道を全然しなかった朝日、読売など大手マスコミに永井道雄《ながいみちお》らの人脈を通じてアプローチし、日本のメディアを台湾問題に開眼させた。それればかりか彼は在京の外国メディア特派員とも交遊を広げていた。

当時、日本の保守陣営はなにをしていたかというと中華民国の反共姿勢を評価し、台湾との民間交流の重要性を主張した。しかし『文藝春秋』など少数のメディアしか台湾のことを伝えず、テレビもそっぽを向いていた。

藤島泰輔《ふじしまたいすけ》、北條誠《ほうじょうまこと》、小谷秀二郎《こたにひでじろう》らを中心に木内信胤《きうちのぶたね》、村松剛《むらまつたけし》、加瀬英明《かせひであき》ら文化人が結束して「日華民族文化協会（現・日台文化協会）」を設立し台湾へ川端康成《かわばたやすなり》展をはこんだり、書画の大家、張大千《ちょうだいせん》展示会を銀座で開催したり文化交流の維持をはかった。民間交流の輪は広がっていた。

台湾の民主化を側面から支援し、戒厳令解除へと持って行った原動力は台湾国内の民主活動家や独立運動家だったが、海外でも台湾独立運動は燃えさかっていた。張超英が米国時代、助けられたのは主として民主党リベラル派で、共和党とのコネは薄かった。日本では灘尾弘吉《なだおこうきち》、椎名悦三郎《しいなえつさぶろう》から青嵐会を経て、自民党議員でも台湾を理解する議員は少数派になっていた。

張超英は日台二国間だけの視座に囚われず、広く米国外交の文脈の中で台湾問題、台湾海峡そして中国共産党を捉えるという問題意識が新鮮で、会う毎の会話が刺激的だった。

一九八五年に一度、日本赴任を終えて張はニューヨーク（以下ＮＹ）に引き上げた。というのも張の自宅はＮＹラガーディア空港そばのジャマイカ・エステートという高級住宅地にもあり、ブロードウェイと四二番街が交差している繁華街にビデオのスタジオを共同経営していた。

この間、筆者も米国経済を論じるエコノミストでもあったのでウォール街の動向を調べるためNYへ頻繁《ひんぱん》に取材で通った。電話をするとチャイナタウンなどに食事を誘ってくれた。自宅にも何回か夕食に招かれた。

あるときワシントンにテレビの仕事でレイ・クライン博士（CIA元副長官）をインタビューしたとき臨時で撮影にきたクルーが偶然にも、張のスタジオからの派遣だったというハプニングもあった。

氏は飛行機の操縦免許も持っており、メカが大好きで趣味はと言えば名曲の収集のほか秋葉原へ新しい電子製品を買い漁りに行くことだった。マサチューセッツの別荘は裏山がスキー場という広大な面積を持ち、隣が政治学者ジェラルド・カーティスの別荘だった。

日台関係を改善させた恩人の死

二回目の東京赴任は一九九三年からで、張が蒔いた種が徐々に実を結びつつあり、大手マスコミも自由に台湾を取材できるようになっていた。

大きな変化をもたらしたのは八九年の天安門《てんあんもん》事件を挟んでからで、日本における北京のマスコミ支配は薄日が差し、主要メディアも一斉に中国を批判しはじめた。まして台湾は九六年に戦後初の元首を選ぶ民主選挙を実施しようという時期だった。

二回目の赴任が終わりかけの頃だった。張超英が『中華週報』に連載していたコラムが量的にもまとまったので「どこか出してくれる出版社ありませんか」と問われた。早速、旧知の平林孝《ひらばやしたかし》（元『中央公論』編集長。故人）に相談したところ「コピィを読みたい」と言うことになり、三日後に「これは面白い、すぐに中央公論社で出したい」と話はとんとん拍子に弾んだ（張超英著『台湾をもっと知ってほしい日本の友へ』、中央公論社、九八年）。

あげくに発刊を記念してホテル・オークラで出版記念会を催す段取りとなり私が幹事役をつとめることになった。

当該出版記念パーティも開けてびっくりだったのは張の交友関係の広さ、多彩さだ。そしてなによりもイデオロギーにこだわらない人なので、発起人も政治思想的に言えば右から左まで網羅され、実際にメイン・スピーチに立ったのは船橋洋一《ふなばしよういち》（当時は朝日新聞主筆）、田久保忠衛《たくぼただえ》（外交評論家）と対照的なメンバーだった。

その後、張は再びNYと台湾を往復する生活に戻った。この間にも何回か、いや何十回か東京へ夫妻で立ち寄られる度毎《たびごと》に、どこかで食事した。意外に小食だが、トンカツが好物で、大好きだったタバコを止めていた。食べるより話が好きな人生。いろいろな話を聞けるのが楽しみだった。あらたに台北市郊外淡水《たんすい》に購入したマンションにも伺ったが、日本語の本が山積みで日本の話題に移ると政治より経済、株式、企業動向などのニュースを聞きたがるのだった。

中国に関する拙著はもとより経済評論までのあらかたを読んでくれていた。

張が晩年にもっともエネルギーと熱意を注いだのは「フリーダム・オブ・スピーチ」（言論の自由奨）で、このために私財を投じて財団を設立され、毎年、台湾の自由と民主主義に関しての優秀な論文を顕彰するのである。例年、旧正月を挟んで米国から台湾にかえるのは、その賞の選考と賞状授与のためでもあった。

こうして八面六臂《はちめんろっぴ》の活躍を続けて日本と台湾の架け橋のために奔走した張は二〇〇七年三月七日、真っ白い雪のつもった朝、NYの病院で急逝した。

NYの葬儀はアメリカ人の友人と在米中国人とに分けて二回行われ、それぞれ英語と中国語だった。

とくに英語のほうの葬儀は同年三月二四日にハーバークラブで行われた。息子のウエスレイが作曲したピアノ曲を弾いた。孫は「僕は切手を集めているけど僕のグランパ（おじぃちゃん）は友達を集めていた」とスピーチしたという。同年四月には台北でもお別れ会が執り行われ、六月に顔夫人が来日されたおりには東京でも十数人があつまって小規模の追悼の機会をもった。

そのとき、回想録の日本語版をだそうという話が出て、その出版記念を兼ねて一周忌を東京で開催することになった。

当日はNYから長男が、台北からは未亡人が飛来し、会場のプレスセンターには朝日から船橋洋一主筆が、産経は住田良能《すみだながよし》社長（当時）、江口克彦《えぐちかつひこ》PHP社長（現参議院議員）ら呉越同舟《ごえつどうしゅう》、田久保忠衛、映画評論の田村志津枝《たむらしづえ》、米国からジェラルド・カーティスら百人を越える多士済々が集まり台湾の広報に尽くした故人を偲んだ。司会は筆者がつとめた。

私自身、張超英の個人的な友情のおかげで台湾のことに関して書籍では得られない多くの事を学ぶことができた。

「日本と戦争する覚悟はできている」

台湾の空の表玄関は桃園《とうえん》国際空港。円高の恩恵を享受しようと日本人観光客が次々と降り立つ。この飛行場での新鮮な驚きとは〇八年冬ごろから両替所に「人民元歓迎」の看板が掲げられたことだ。

まるで香港のように中国に経済的にも飲み込まれたような雰囲気である。たしかに台湾ドルの為替レートが急に安くなったため日本人団体客があちこちに目立つ。韓国のウォン安同様に買い物とグルメ、日本製の新型デジカメをわざわざ日本から大量に買いに来る商人もいる。タクシーに乗ると、「景気悪いね。馬英九になってから一段と悪くなった。日本はどうかね？」

ちょうど台湾最大のチップメーカー「プロモス」の経営危機が報じられていた。独立派の大スポンサーだった許文龍《きょぶんりゅう》率いる「奇美実業《チーメイ》」の苦窮も伝わる。「馬英九総統は政治的にも北京べったりでおかしい」、「彼が総統になった途端に台湾経済が氷河期に突入した」、「反対する団体への弾圧強化をはかりだし、国民党独裁時代に似てきた」。

旧知の国民党支持の台湾本省人でさえがそんな批判をする。基本的に不況が始まったのは台湾企業五万社が中国へ進出し、マネジャー、エンジニアが合計百万人も中国各地に駐在し、台湾経済が中国に依存するようになってからであり、根本の原因は台湾の産業空洞化にあるのだが。

それでも馬英九総統の暴走は止まらない。

中国が一三〇〇基も台湾向けに攻撃ミサイルを配備しているのに「台湾自主開発のミサイルを中止する」と言ってみたり、政治カードとして重要なダライラマ法王の訪台受け入れを躊躇《ためら》ったり、金門《きんもん》と対岸の厦門《アモイ》に橋をかけるプロジェクトを遂行しようとぶち挙げたり。台湾独立派のみならず一般の台湾人からみても突拍子もない暴走を始めた。

中国は台湾が独立を宣言したら武力侵攻をすると「反国家分裂法」に明記しているにもかかわらず馬英九政権は台湾の国益を無視した政策を次々と繰り出したのだ。

陳水扁《ちんすいへん》前政権が蔣介石《しょうかいせき》独裁をやんわりと否定した措置の一つ、「中正記念堂《ちゅうせい》」の名前（「中正」は蔣介石の本名）を取り消して「台湾民主記念館」に改称した。ところがいつのまにか中正記念堂に戻し、馬政権は民進党時代に大きく後退しかけた中華ナショナリズムをふたたび謳《うた》い出した。「対日重視」と言いながら「尖閣諸島帰属問題は譲れない」と言い、台湾国会では従軍慰安婦批判決議が反日派議員によって上程される。「日本重視」と言いながら、やっていることは結果的に反日路線を走っているのである。

馬政権は「尖閣諸島帰属問題は譲れない」と言い、行政府の長（首相）の劉兆玄《りゅうちょうげん》は「（日本と）戦争をする覚悟はできている」と発言して物議を醸した。

馬政権の媚中外交に台湾民衆が激怒

二〇〇八年春、尖閣諸島で許世楷《こうせいかい》駐日代表を召還し、国会で吊し上げる策動も反日派の議員が進めていた。

許は直前に記者会見し「志士は殺されても恥辱を受けない」と『礼記《らいき》』からの名言を引用して辞任した。この潔い行為は日本の武士道を想起させた。

反対に中国から特使が来たおり（〇八年一一月三〜七日、陳雲林《ちんうんりん》）に馬は台湾の国民党幹部や閣僚にも「総統」と呼ばせず、「馬先生（馬さん）」と自らを卑下して北京側に擦り寄った。

台湾民衆を激怒させたのは、そうした屈辱外交の積み重ねの果てに、媚中外交に反対したデモ隊、抗議活動を警察を動員して暴力的弾圧に出たからだった。これは台湾のみならず世界の人権活動家を結束させた（詳しくは本書第八章参照のこと）。批判署名には台湾の各大学の教授五百名余が連署した。

おりしもストローブ・タルボット（ブルッキングス研究所所長）が北東アジア担当のリチャード・ブッシュを連れて訪台し馬英九総統とひそかに接触したことがわかった。ストローブは大学時代にビル・クリントンと同級生だった。クリントン政権ではクリストファー、オルブライト両長官の下で国務副長官を務め辣腕を振るった。リチャード・ブッシュは一九九七年―二〇〇二年米国台湾協会（事実上の大使館）理事長を務め、訪台時の肩書きはブルッキングス研究所の北東アジア担当だった。オバマ政権にはブルッキングス研究所から大量のスタッフが政権入りし、副長官、次官、次官補クラスに就いた。したがってタルボットらの訪台と馬英九総統との接触は日台関係にとっても重要である。

同じ頃に国民党の呉伯雄《ごはくゆう》主席が東京にいた。呉主席が訪日して強調したのは「台湾の対日重視は変わらない」（だから尖閣諸島問題は沈静化させる）。そのうえで日本側の懸念を否定し、「馬総統は北京との統一の話し合いの前に、断固とした反共の信念の持ち主であり、対米外交の重要度が一番だ」と馬総統の立場を代弁した。

馬英九の口癖は「我々はトラブルメーカーにならない。陳水扁前政権のように台湾独立を示唆して欧米が顰蹙《ひんしゅく》するようなことを避け、台湾はピースメーカーを目指す」。

つまり「米国の世界戦略に従ってその保護のもとで、できる範囲の外交はやりますよ」と米国の家来であることを自認しているのである。

こうしていったん険悪化した日台関係はもとの鞘に納まった。

台湾には二つの国がある

こう見てくると台湾には二つの「国」が、あの小さな島嶼《とうしょ》のなかに存在しているという抜きがたい現実に直面せざるを得ないだろう。

明らかに中華文明の一員として統一を目指す歴史認識を持つ近代派と、土着の伝統に従って、あくまで台湾は非中華の流れのなかにアイデンティティがあると考える独立志向の人々の対立構造である。

二〇〇〇年から〇八年までの八年間は独立色の強い陳水扁政権が、世界の流れに棹《さお》さして主権国家として振る舞う努力をみせた。

しかしブッシュ・ジュニア政権の外交方針の転換（北京敵視政策から中国をパートナーに格上げ）により台湾は外交孤立を深めてしまった。

くわえて国際政治の圧力により、台湾は中国の不可分の領土という、北京の作り話が国連でさえ神話化し、米国は冷淡にも台湾擁護の姿勢をおおきく後退させた。中国との握手、中国との関係重視に急傾斜したブッシュ政権の流れを更に大胆にオバマ外交は繰り広げた。

米国にとって外貨準備高世界一の中国のほうがたとえ人権無視、少数民族弾圧の独裁国家であろうと米国債を保有してくれる大切な胴元の一人なのである。

土着的価値観を抱く台湾本省人にとって馬英九時代（二〇〇八年〜）のやり方は明らかに異物であり、異文化の実践だったことが分かる。

その象徴が中国と台北がそれぞれ孔子《こうし》を神格化し、いや孔子の正統後継の争奪を繰り返していることである。

中国は各地の孔子廟など顧みなかったのに世界各国にいきなり「孔子学院」を開設し、中華文化の紹介と中国語学校を併設し、『論語』を世界で一番古い思想・哲学の嚆矢《こうし》と教えることに躍起となっている。肝心要の国内には道徳がないも同然だというのに、まったく「張り子の虎」が好きな国である。

孔子七七代嫡流は先頃台湾で客死したが、その葬儀には馬総統が参列した。そればかりか馬英九総統は台北市にある孔子廟に詣でて、中華の皇帝としての振る舞いを始めた。〇八年一〇月初旬、馬は蔣介石さえ使わなかった「あかずの門」をわざわざ開けさせて孔廟拝礼儀式を行なって皇帝を気取った。これは台湾の庶民に大いなる違和感を抱かせた。

「百年に一度の大不況」で再び中国接近

そこへ不況が押し寄せてきた。

「百年に一度の大不況」に遭遇して、馬政権は経済政策を多方面で方針転換した。

まずは貿易ばかりか中国から観光団を招致しようと動きだし、双方の直行便乗り入れを実現させた。台北市内の銀行に大きな横断幕があって「人民元の両替ができます」とある。飛行場の税関の脇の銀行にもある。半世紀以上、敵対してきた中・台が交流すること自体、一〇年前なら信じられない光景だ。

それまで人民元は台湾では厦門対岸の金門島でしか使えなかった。世界的な中国経済の増大によって香港とマカオで人民元の為替レートが逆転し、どこでも歓迎されるようになり、いまやパリやミラノの免税店でも人民元が使えるから問題がないといえば、ないのだが……。

さて有名レストランは、そこかしこに日本語が飛び交っており、また国賓大飯店（アンバサダーホテル）なぞは九〇パーセントが日本人団体客である。これが定番の故宮博物院や忠烈祠に加え、台湾新名所となった「台北一〇一」（高層ビル）へ押しかける。

対照的に市民の消費マーケットである萬華《ばんか》、西門街《せいもん》などは静かになった。地元のデパートは特価セールをやっている。いや、台北の街全体が特価セールの最中のごとし。

不況になると日本では神社への参詣が増え、おみくじ、お守り札が飛ぶように売れ、商売繁盛を願う酉《とり》の市もはやる。台湾も同じ。これだけは中国大陸と異なる。各地の関羽《かんう》廟や孔子廟、文廟《ぶんびょう》、馬姐廟《まそびょう》などの絵馬を覗いてみた。「安全」「安産」「合格祈願」に混じって、「会社の倒産がおこりませんように」「給料が増えますよう」などと生活に密着した願い事が急増している。

また観光客は行かないけれど駐在日本人相手のナイトクラブなどは暇をもてあまし、出血サービスを展開しても肝心の日本人ビジネスマンが少数派に転落し、経営環境は厳しくなる一方という。

二・二八事件（蔣介石占領軍が台湾人へ血の弾圧をしはじめた事件。全島で数万人が虐殺された）を展示する記念館へ行っても人影がまばら、馬政権の発足以降の現象という。繁栄の極から荒廃の砂漠へ変貌したと比喩すると大袈裟だが実態はこれに近い。

台湾企業が大挙進出した広東《カントン》省は深圳《シンセン》から東莞《トンガン》、虎門《フーメン》、仏山《ファーシャン》、順徳《スンティ》といった広州《カンツォー》市を囲む諸都市が惨状を呈《てい》し、繊維、玩具、スポーツシューズ、機械部品とくに自動車部品、弱電部品などの下請けメーカーがひしめきあった地域から台湾企業の夜逃げが始まっていた。

「大陸となかよくやろう」という台湾人ビジネスマンの合い言葉も風化した。

二〇〇八年九月のリーマンブラザーズの倒産以来、米国の突如の不況、金融危機によって対米輸出が激減し、ＴＵＮＡＭＩより派手な被害が押し寄せたからだ。

台湾企業の下請けや子会社が密集した広東省で深刻な不況によって数万社が倒産、あるいは倒産待ち。台湾企業も多くが撤退した。

　しかし馬英九総統は旧正月後の仕事始め（〇九年二月二日）の会見で経済の不況対策には触れず、もっぱら台湾外交の成果を誇った。

　馬は深刻な論争を棚上げし、ウィンウィンを目指すことにより台中両岸関係を改善できたとし、「大三通（台中両岸の通商、通信、通航）」が実現され、移動コストが節約されたほか双方の敵意も減り、緊張が緩和され、より地域の安全と平和が促進されたと自画自賛した。

　また両岸関係の軍事的緊張緩和によって外交が進展した証左として①米国との信頼関係が回復し、武器売却が順調に実現した。②連戦《れんせん》元副総統がＡＰＥＣ会議に出席できた。③台湾が世界貿易機関（ＷＴＯ）の政府調達協定に加盟した。④世界保健機関（ＷＨＯ）の国際保健規則が台湾参加を受け入れた。⑤知的財産権に関する対外制条項である米国スペシャル三〇一条から台湾が除外された等、台湾の外交空間が広がった成果を強調した。

　台湾の通産省は貿易拡大、通商の安定化をもとめて中国とのあいだに「総合的経済協力協定」の締結を急いだ。

　民進党や野党系の経済シンクタンクの多くが反対。「そんなことをやっていると香港、マカオの二の舞となり、何時の間にか台湾にも『一国両制』が適用され、気がついたら台湾は中国に飲み込まれていることになる」と強い警告を発していた。これら民衆の要求も馬政権にとっては馬耳東風だった。

北京の傀儡となる親中派政治家

しかし国民党はがたがたの内紛を抱え、主流派同士の激甚な内訌《ないこう》が深まった。この機に乗じて、北京がターゲットに選んだ親中派の代理人が連戦（国民党名誉主席、元副総統）である。

確固たる歴史観はないが台湾国民党に残る守旧派への影響力があり、連戦本人は台湾外交を指導していると錯覚し、さらに馬英九より格は上と思っているようである。

連戦は二〇〇〇年の総統選でも国民党の正式公認候補だったが、押し出しが弱くリーダーシップの薄い政治家だったため落選。〇四年、連戦はふたたび総統選に挑戦したが僅差で敗退して陳水扁の再選を許した。

連戦の政治生命は失われ、国民党内で若返りを求める声が広がった。馬英九が本省人政治家＝王金平《おうきんぺい》を大差でやぶって正式候補となり、〇八年三月の総統選挙では民進党の謝長廷《しゃちょうてい》を軽々と破り圧勝した。だが、馬英九が台北市長時代の機密費流用問題が尾をひいて国民党主席へのカムバックがはたせず、客家人政治家＝呉伯雄が党主席に収まった。

馬英九は本省人政治家でエリートの蕭萬長《しょうまんちょう》を副総統として党内本省人派閥を取り込み、煙たい先輩格の江丙坤《こうへいこん》を海峡交流基金会理事長（現東京スター銀行会長）に、一方で大陸委員会主任には李登輝系列の女性を充《あ》てるなどして事実上の大陸問題の最終意思決定者を空白にする。この権力の星雲状態をみてとった連戦が政治生命の復権をねらって鵺《ぬえ》的な動きを始め北京と濃密な接触を積み重ねる。

北京のほうも連戦を利用して、馬英九の遠隔操作ができると踏んだ。馬英九が国民党を掌握していない現実に乗じた。不遇をかこつ連戦を北京に招待する微笑外交から国民党内部の切り崩しをはじめる。

二〇〇五年四月、中国に反日暴動が荒れ狂っていた時に、連戦は「雪解けの時期が来た」と北京の地を初めて踏んだ。連戦は「党首会談」と称して胡錦濤《こきんとう》（党総書記）と会見し、中台の歴史的和解をこれみよがしに演出した。連戦家の故郷といわれる西安《せいあん》にも行って御先祖の墓に詣でた。

嘗《かっ》て反共を鮮明にして、「中国は独裁の妖怪が住む悪魔の体制」と攻撃してきた連戦が、「豹変」した。反共の政治家が一転して容共の先端を走る。

同年一〇月、海南島の農業フォーラムに出席し、技術交流、民間交流の輪を拡大し、「経済での協調が、誤解を減らし、良い環境をつくる」として、さらに国共合作の歩みを進めた。

一二月一五日、連戦は天津《てんしん》に飛んで、中台海運直行便セレモニーに出席し、そのまま滞在を延長して杭州《こうしゅう》の記念館で反日演説をおこない、上海《しゃんはい》で中台国共論壇に出席し、賈慶林《かけいりん》（当時＝政治局常務委員）と握手した。さらに一二月二〇日上海で開催された中台経済合同会議に出席する。

台湾のマスコミは「現代の呉三桂《ごさんけい》」と連戦を批判した。

呉三桂は明代末の軍人。先祖は江蘇《こうそ》省、父親も軍人の代から遼寧《りょうねい》が地盤。北京防衛の大役につくが、軍事情勢の激変にともない、李自成《りじせい》との対立関係からも山海関をあけて清兵を領内に入れ、明を裏切った。

呉三桂は清軍とともに北京へ進軍し、究極的には清国建国の軍事的貢献者となる。晩年に清国に反旗を翻《ひるがえ》し南国に独立国を樹立するも短期に潰《つい》えた。漢族史観にたてば呉三桂は売国奴の典型である。

日台分裂寸前だった田中真紀子外相時代

こうした動きを度外視して無茶苦茶な台湾政策を唱えてきたのが日本の歴代外務大臣だった。

もっともお粗末な田中真紀子《たなかまきこ》は外相時代に、

中国人の知恵や時間をかけて政治的に問題解決する手法と過去の経緯を見て、香港が（英国から）ああしたルールで返還され、軟着陸しているという実情を見て、台湾もそのようになるとよろしいと思う。

などと口走り、中国主導で台湾が中国と統一されることが望ましいと「北京の代理人」の如き発言をした。

中台統一問題に関する日本政府の立場は七二年の「日中共同声明」に準拠し「台湾が中国の領土の不可分の一部であるとの中国政府の主張を理解し、尊重する」としているに過ぎず、認めてはいないのだ。田中外相発言は政府の立場を逸脱し、中国の主張に一方的に偏っている。

くわえて李登輝前総統の病気治療目的の来日問題に関しても日本経済新聞とのインタビューで「頭痛の種」などと述べる始末だった。

森内閣の時も河野洋平前外相もこれで苦労した経緯を知っているはずだ。どういうことが起こるか想定しなくてはならない。簡単に他の国交ある国の要人が来るのとか、ご病気の人を受け入れるのとは違う。

としたため、台湾外交部はただちに日本政府に抗議の意を伝達した。

台湾の最近の世論調査でも「一国両制」による中台統一に台湾国民の実に七割以上が反対の立場を表明していることが分かる。したがって台湾の多くの国民は田中外相発言に激怒し、「田中真紀子外相発言侮辱台湾、請大家到日本交流協会抗議」（田中外相の発言は台湾を侮辱している。皆さん日本の外交出先機関である交流協会に抗議して下さい）と抗議デモもおこなわれた。

台湾独立建国連盟は「台湾の将来を香港問題と同一視しているが、台湾の歴史、現状について理解不足。内政干渉でもある。結果的に台湾人民の尊厳と権利を傷つけた」として抗議した。

こうして日本の閣内に北京の代理人のごとき政治家がゴロゴロといる現実の悲劇は、嘗ての近衛内閣を彷彿《ほうふつ》とさせる。「世紀のスパイ」と言われたゾルゲは朝日新聞記者だった尾崎秀実《おざきほつみ》と組んで、閣議の情報をいとも簡単に入手し、この謀略諜報がやがて日本の政策を「南進」させてしまったように昨日までの永田町と霞ヶ関のまつりごとの乱雑さ、愛国心を欠いたお粗末さが続いていたとすれば、日本外交は恐ろしい誤謬に陥るところであった。二〇一二年、ようやく日本に本格的な保守政権が復活し、中国への批判の度合いを強め、むしろ親中派が孤立するようになった。

第三章

美しい日本語は台湾に学べ

乱雑さを増す日本の若者コトバ

日本語の教育現場は遙か以前から滅茶苦茶である。ただしい日本語を聞きたいと思うと台湾へ「修学」に行く方が良い、と冗談ともも本気ともとれない嘆息が聞こえる。

日本語をろくすっぽ知らない若い日本人が荒涼とした言語感覚で社会へ輩出され、いまの日本のあちこちで様々な弊害、珍現象が起きる。なんでもかんでも「ゲットする」とか、「チョウ辛い」、「モトカノ」、「セフレ」、「エッチする」とか。

たとえばインターネットの送・受信欄を開くと、「このビューにはアイテムがありません」と出てくる。「ここをクリックして」だとか「インストールしてください」。はじめはちんぷんかんぷん、全く日本語じゃないじゃないか。

若者の言葉の乱れについて今更指摘することはない。適切な日本語を創造できない国語現場は激しく衰退してしまった。鴎外《おうがい》、漱石《そうせき》どころか三島由紀夫《みしまゆきお》もそのうち「現代訳」語が必要になりそうである。

日本語の乱れを嘆く声が聞かれ出して久しいのに、日本の新聞は漢字を自主規制し、教育現場は母国語教育にまるで恬淡《てんたん》、その歪みは是正されないばかりか、ますます醜さを増している。

女子学生が男友達の名を呼び捨てにするなどいまや日常の風景。街を歩いて若者たちのコトバに耳をそばだててみると意味不明瞭な言語が乱造されていて、唖然《あぜん》、愕然《がく》とする。乱雑、低劣、加えて語彙《ごい》力に乏しい。本当に日本人が話しているのかと耳を疑い、学校の国語教育はどうなっているのかと首をひねりたくなる。率直に言って日本語を喋れない人が英語を勉強しても意味がない。

ましで大学受験が部科によって国語を必要としなくなって以来、若者の一部は母国語の修得にさえ熱が入らない。日本の大学は日本人のために設立されたのではないらしい。

台湾の李登輝《りとうき》世代が親しんだ西田幾多郎《にしだきたろう》、鈴木大拙《すずきだいせつ》などの難しい哲学書は真っ平御免となり、幸田露伴《こうだろはん》、志賀直哉《しがなおや》全集も街の古本屋で埃《ほこり》をかぶって深い眠りについている。

辛うじて生息しているのはヨコ文字の多い、ただリズムを刻んでいるだけのような薄っぺらな小説ばかり。国木田独歩《くにきだどっぽ》や有島武郎《ありしまたけお》どころか志賀直哉まで難しいといって遠ざけられる。電車のなかでもちょっと前までは文庫本か週刊誌を読んでいるサラリーマンが目立ったが、いまはスマホ、何をしているかのぞき込むとゲームだ。嗚呼、嘆かわしい時代となったものです。

嘗《かつ》て福沢諭吉《ふくざわゆきち》、西周《にしあまね》ら明治の先覚者らは「憲法」「議会」「民主主義」など的確なる日本語への訳語を次々と「発明」し、新しい文明に日本語の美しさをもって対応してきた。

ダーウィン、ハックスレー、スペンサー、フランクリン。あらゆる芸術、文化、哲学、宗教、医学、科学、文学が美しい日本語に翻訳された。当時、中国、台湾からの留学生はこれらの翻訳を通じて世界の最先端の文化を吸収したのだ。

魯迅《ろじん》は日本へ留学して西洋の新しい文明を日本語を通して仕入れた。「日本に行って日本語を学べば（あらゆる翻訳があるので）世界中の先端的知識はすべて修得できた」（李登輝元台湾総統）。

美しい日本語は台湾で守られている

台湾の日本語世代から見れば、人生に決定的な影響を与えた日本語の衰退こそは、日本人の想像を絶するほどの悲嘆となる。『台湾万葉集』の次の和歌を思い出す。

「日本語のすでに滅びし国に住み　短歌詠み継げる人や幾人」（孤蓬万里《こほうばんり》）。

この状況を「憂慮しているだけではいけない、何とかしなければ」と立ち上がり、有志が集まって「美しい日本語を残そう」という研究サークルが、日本ではなく台湾で地道な活動を続けている。

この会を「友愛グループ」という。

初代会長の陳絢暉《ちんけんき》は一九二六年生まれ、師範学校在学中に招集され「雷神旅団」へ入隊。戦後は建築会社を経営した後、実弟が経営する特許事務所で日本語の申請書類の翻訳を手伝っていた。日本文学に無類に明るく、ときに鴎外や中勘助《なかかんすけ》の名文を諳《そら》んじる有識者でもあった。ひょんなことから知り合って陳絢輝会長は日本にくるとよく拙宅にも泊まった。

筆者は数回ほど、この「友愛グループ」の月例会に誘われた経験がある。

まずは例会の風景。最初に日本人作家のエッセイの朗読があり、その文章の鑑賞をめぐって「図々しいと野放図とはどういうニュアンスの差があるのか」、「中国語では放胆だが、日本語でもう少し柔らかい言葉はないのか」「平家物語ではこんな表現があります」……

また、他日では、「百合子さんの笑顔」という『群像』に載った短編で、武田《たけだ》泰淳《たいじゅん》夫人のことを描写した瀬戸《せと》内寂聴《うちじゃくちょう》の随筆が読まれると、文中に出てきた「女たらし」「ベタ惚れ」などに相当する適切な中国語は何だろう？　という問題が提起される。「手かけ」なる言葉が、そのとき出てきた。日本語の意味は「①手を掛けるところ。例＝「手かけ穴」②めかけ、そばめ「手かけ腹」は妾腹の子、庶子など」と説明がつく。

中国語は①なら扣具、拘孔など。②は側室とか馬子、姨太太など、中国語もこの意味をもつ単語がなかなか豊富ということは、皇帝をはじめとしてそれだけ艶聞《つやばなし》が多かったということだろう（いまはほとんど死語になったが、日本語にも「副妻」とか「権妻」などといった表現もありました）。

「前向き」は「面向前方」「朝前看」「積極」などという中国語に相当する。「最近の日本語は議会答弁用語になっている」とだれかが注釈を入れると、一同に笑いが広がった。「堂々めぐり」を適切な中国語に直すとすれば何になるだろう？　という議論となると「結論のない無駄をくり返す」から「毫無進展でよかろう」とか「堂の中に入れば『堂に入る』とか『堂々たる』になる」と応用をいう人も。堂々めぐりの「堂」の語源は、女郎屋だったと元国語教師。

ともかく国語辞典や歴史事典を持ち込んでいる人もないのに、生き字引のように次々と的確な日本語を繰り出して活発に議論する風景を目撃すると、私は台湾にいたことをつい忘れてしまいそうだ。

陳絢暉は設立目的についてこう語った。

「なぜ日本語を使いたがるのか、と問われますと、我々は生涯で最も多感な時代に日本人だったから、と答えるしかありません」

しかし「まともに日本語でコミュニケーションをなし、思惟する空間が狭まり、何とかして正しい美しい日本語を存続させることは文化交流、相互理解ばかりか後継世代の育成も私たち世代の責務と考えたからです」。

彼らのこの国語の素養は日本統治時代に徹底して日本語教育を受けたことによる。会員の大多数は老世代だが、同時に半数以上には俳句、和歌のたしなみもある。

メンバーには嘗《かつ》て日本語を教えた老教師や医師、あの『台湾万葉集』（菊池寛《きくちかん》賞受賞）の代表歌人、呉建堂《ごけんどう》（ペンネームが孤蓬万里）の元気な顔もあった。呉建堂は医学博士であり、剣道八段の腕前を誇った。

阿川弘之《あがわひろゆき》は、このグループの一人で皇居の歌会始《うたかいはじめ》に呼ばれた台湾歌人のことを『文藝春秋』の巻頭随筆に書いた。

日本統治世代には中華思想の影響がない

毎号、空輸で取り寄せる『文藝春秋』『正論』や『オール読物』『新潮45』などを回し読みしていて、最新の日本の文壇論壇のゴシップまで実によく知っている。最近は『WiLL』なども回覧されている。

日本の作家も真っ青という文学的表現力も豊饒で、昨日今日の付け焼き刃ではない。例会では会員同士の情報交換も欠かさない。参加者が持ち寄り、参考になりそうな文献、評判になった日本の最新の論文とか問題作のコピーが大量に配布される。

石原慎太郎《いしはらしんたろう》が中国学者と侃侃諤諤《かんかんがくがく》の対論を展開した『文藝春秋』の「シナ人の事大主義、膨張主義」なども配られていた。「シナ人」などと歯に衣着せぬ石原の発言内容に異議を唱える声が上がるのではないかと予想したが、大多数が「石原氏の言っていることに納得できる」とした。なるほどこの世代は中華思想が希薄か、まるでないようだ。

この時はどんな論文が配布されたか、若干のバックナンバーを見せてもらうと、中嶋嶺雄《なかじまみねお》、黄文雄《こうぶんゆう》、岡崎久彦《おかざきひさひこ》、久世光彦《くぜてるひこ》、上坂冬子《かみさかふゆこ》の各氏。とくに『正論』、『VOICE』、『WiLL』などの台湾に関する論考は必ず網羅するという。だから毎回、配布されるコピーはかなり分厚くなる。それでも会員の貴重な情報源、何しろ日本からのどんな御土産より雑誌、週刊誌、評判の単行本を持参すると大喜びという活字熱中組が多いので、私なぞ台湾旅行前は読んだ雑誌を一切捨てないで溜めている。

月一回のペースで開かれるこの会も、口コミで仲間の輪が拡がって、特にここ数年は若者へも裾野が拡大した。

一方では厳しい感想もあり、「(出てくる文章に) ローマ字表記か発音記号を付けてほしい」。「中国語ですら何千年も使っていない字まで、ここで勉強しても意味がない」「もっと実利的な語彙を取り上げたらどうか」との意見もないではない。

この美しい日本語を守り、台湾に残そうとする静かな文化運動は当然、日本のマスコミも注目する。○一年五月にはNHKテレビBS放送が三○分番組の特集を組んだ。放映された後、多大な反響が日本及び台湾全島から寄せられた。台湾ではNHK・BSを見ている人がかなり多いからである。もちろん筆者も陳会長からの事前連絡で番組を知り、知り合いに録画を頼んだものだ。

最初は誤訳からはじまった

　さて人生には不思議な奇縁がある。もともとこの文化運動の経緯を筆者は台湾で誕生の場面から目撃してきた。

　そもそも筆者に「台湾へ行ってこい」と強く薦めたのは当時文壇で「瞬間湯沸かし器」といわれた作家の藤島泰輔《ふじしまたいすけ》で、「昨日の友人を捨てた外交の酷薄さ」に義憤を感じ、台湾問題に初めて首をつっこみ、あげくは川端康成《かわばたやすなり》を担ぎ出して日本と台湾の架け橋たらんと「川端康成展」を台湾で、東京では著名な中国人書家「張大千《ちょうだいせん》展」を催したりと八面六臂《はちめんろっぴ》の活躍だった。

　そのときに知り合ったのが当時、台北《たいぺい》で特許事務所を経営していた陳燦暉《ちんさんき》（絢暉の実弟、早稲田留学組）と陳絢暉兄弟だった。私も初対面のとき、あまりの日本語のうまさに日本人とばかり思った。この陳兄弟は往時の日台文化交流に「ボランティアの通訳」を交替で買って出てくれたのである。

　当時の文化環境はと言えば蔣介石《しょうかいせき》政権のもと、日本の映画は御法度、大学で日本語コースは二つか三つしかなく、台湾の歴史教育は「大中華思想」で反日的だった。

　この頃のことである。川端康成展の打ち合わせで台北を訪問した北條誠の通訳をした「日本語専門家」が「あなた様」と訳すつもりで北條に、「貴様は」と言ったのだ。怒髪天をつく怒りに達した北條誠はその無念を陳兄弟に語った。

これが「美しく正しい日本語を台湾に残そう」という文化運動への伏線となったのである。

実は私も同じ経験がある。

中国から台湾への亡命事件が七〇年代後半から頻発した。中国からミグ機ごと亡命するパイロット、日本経由で台湾へ亡命した文豪魯迅の孫（周令飛《しゅうれいひ》）や京劇俳優、世界的な演奏家、科学者、はては四〇年代に活躍した作家など。私は共産中国より台湾へ自由を求めて亡命が続く本当の理由を知りたくて、十数回にわけて台湾へ取材で出掛け、周恩来《しゅうおんらい》の主治医など八〇人近い亡命者にインタビューを繰り返した。

それでも足りず米国へ亡命した若い学生、芸術家、スポーツ選手、通訳らにも取材した。週刊誌、月刊誌にその都度、記事を綴りながら八六年に『中国の悲劇』に纏《まと》めた経過は冒頭にも書いた。

ある時、ドイツで留学中に恋愛に陥った台湾の男子学生と北京《ペきん》からの女子学生が台湾へ仲良く亡命（男の方は「帰国」というべきだが）、駅前で二人の特技を生かしての外国語学校を開いた。

この二人は英、仏、ドイツ語を流暢《りゅうちょう》に操り日本語教室には年輩の教師を配した。

この若夫婦に『週刊文春』の取材で会いに行った。同行したのは当時まだ週刊文春記者だっ

陳絢暉（中央）陳燦暉兄弟と筆者（右）。1983年ごろ

た中村《なかむら》彰彦《あきひこ》で、最初の質問が「そもそものなれそめは？」だった。

日本語教師の通訳に突如、夫人がぷいと席をたったので、私たちは顔を見合わせ「誤訳したな」と直感した。おそらく「二人が最初にセックスしたのは何時でしたか？」とでも訳したのであろう。

この程度の日本語使いが公式通訳であり日本語の教授として台湾で通用するとすれば、これは由々しきことではないか。私もこの体験談を陳兄弟に話した。

それから間もなくである。

初めての非公式の集まりが陳絢暉の弟が経営する特許事務所の近くの喫茶店に月に一、二度有志が集まって月例勉強会を持つようになった。つまりスタート時点では私的な、食事会を兼ねた同窓会的集まりに過ぎなかった。

当時の政治状況はまだ戒厳令下、日本語の会などをおおっぴらに開けない政治環境だった。しかし歳月は須臾《しゅゆ》にして流れ、蔣介石の子・蔣経国《しょうけいこく》が八八年に急死、副総統だった李登輝《りとうき》が台湾政治の表舞台に登場する。

台湾の民主化が急速に始まった。日本語のビデオや映画の禁止は徐々に解かれ、いやそればかりか日本留学のブームが起こり台湾のあちこちに日本語学校が花盛りとなる。

機関誌のボリュームは『群像』並み

仲間を集め、表立った活動に踏み切った。

北條誠が嘆いてから、実に十数年の歳月が流れていた。機関誌『ツツジ』も九三年の二月に創刊、事務所は陳燦暉特許事務所におかれた。

当初の組織名は「友愛日本語倶楽部」、それが紆余曲折《うよきょくせつ》あって機関誌名も九九年から『友愛』へ。組織名も「友愛グループ」となった。

それまで別個にあって地方でも活動していた俳句、短歌、川柳などのグループが合流してきた。機関誌『友愛』は『文学界』並みのページ数を誇り、日本人も協力しているので、「えっ」と思うような異色の論文が出るようになった。月刊『小説宝石』も、グラビアで特集した。

たとえば「中国語方言の中で最も北京語に近いのが蘇州《そしゅう》語で七二・七三パーセント、最も遠いのが厦門《アモイ》語の四八・八八パーセントで、その厦門語に一番近いのが客家《ハッカ》語だが、それでも五八・五六パーセントに過ぎない。英語とドイツ語の開きに相当する。そして北京語と厦門語の開きは日本語で言えば東京語と沖縄の首里方言ほどの差になる」（篠原正巳《しのはらまさみ》会員）という学術論考があるかと思えば、短歌を詠《よ》む人もいる。

台湾の「務実外交」を日本の新聞が「実務外交」と同じに紹介したことがある。ところが機関誌『友愛』では「実務は『実際の業務』であり、『務実とは実事につとめる、つまり李登輝外交は実行のなる技巧をうち立てることに専念する』意味がある」と解説して暗に日本のマスコミを批判、なかなか参考になる。

しかしそれにしてもこれら壮年、老人たちは何故これほどまで熱狂的になるのか？

有力なメンバーには『台湾人と日本精神』（小学館文庫）を書いた蔡焜燦《さいこんさん》がおり、明石元二郎《あかしもとじろう》元台湾総督のお墓を旧日本人町に探し当ててそれを守り中華思想の反日グループを相手に移転問題で果敢に戦った黄守礼《こうしゅれい》らもいる。

蔡焜燦は司馬遼太郎《しばりょうたろう》が「老台北《ラオ・タイペイ》」と紹介した名通訳でもあり実業家。私もよく台北や、ときに東京でも会うが、氏の案内で台湾を回った作家、批評家はかなり多いだろう。文学畑では石川達三《いしかわたつぞう》、井上靖《いのうえやすし》、宮本輝《みやもとてる》などの翻訳で知られる劉慕沙《りゅうもさ》女史もメンバーだった。

やはり有力メンバーだった楊鴻儒《ようこうじゅ》は軍人出身だが、「反乱罪」で懲役一〇年、軍事機密漏洩罪をでっち上げられ三年加算されて獄中にあった。反乱罪とは楊鴻儒の友人が一九七一年に「台湾は中華民国のままでは国連を追い出される、台湾民国、大華民国に国名を変更して国連に残るべきだ」とする在台日本人向けの日本語新聞に発表する原稿を事前に確認していたのに当局に通報しなかったというだけの理由だ。

結局、楊鴻儒は一九七一年一二月に拘束され、一九七九年八月に保釈。その後、名誉回復の再審を求めようとしたが当時の台湾法では再審請求ができなかった。ただし李登輝時代になって入獄中の未払いの給料、年金も支給され実質的に名誉は回復された。台湾政局は混乱のなかから新しい合従連衡《がっしょうれんこう》、呉越同舟《ごえつどうしゅう》を模索し始めていた。

〇四年にも片岡鉄哉《かたおかてつや》、井尻千男《いじりかずお》、藤井厳喜《ふじいげんき》らと淡水にある李登輝元総統のオフィスを訪ねたときは、まさに国民党内の李登輝派の「切り崩し」を始めている最中だった。機関銃のように言葉が次々と李登輝前総統の口から飛び出した。しかも端正で穏やかで、折り目正しい日本語なのである。

日本留学時代に哲学も日本語で考えただけに李元総統の語彙力は豊富である。その迫力にあふれた話を聞いている裡《うち》に、氏の台湾への憂いはいつの間にか日本への憂いと重なってゆく。

「友愛」グループに集い、台湾に日本語を残そうとする人たちの心情と李前総統のそれはおなじなのである。

渡辺淳一は台湾と中国大陸でいかに読まれているか

ここでちょっと話題の視点を変えて、台湾と中国で日本文学がいかに読まれているかを比較してみよう。

渡辺淳一《わたなべじゅんいち》は日本では「低俗作家」と批判が強く「文豪」とは決して呼ばれなかった。日本文学の影響がつよい台湾でも同様な評価が目立つ。

しかし艶やかな作風に中年層、企業経営者、中間管理職、銀座のママやキャリア・ウーマンなど愛読者が多く読者層は厚い。『失楽園』や『愛の流刑地』が日経で連載されたときなどは、「きょう、どうなった」というのが銀座での挨拶がわりだった時代もある。

筆者自身はデビュー当時の凛《りん》とした女性の生き方を描いた短編は丹念に読んだが、直木賞受賞以後は三作ほどしか読んでおらず、あまり良い読者とは言えない。その意味では渡辺を生理的に嫌う保守系の人たちの軽蔑的視点に近いと言えるかも知れない。台湾の読書家も、後者に近い。

ところが「反日」に燃えているはずの中国で、ひょっとしたら日本より渡辺淳一の人気は高く、しかも意外な読まれ方をしている。

日頃、日本をぼろくそに批判する中国のメディアの殆《ほとん》どが写真入りで哀悼記事を掲げた。その訃報欄には出身地、デビュー作、直木賞受賞作から北海道に記念館ができたことまで紹介されていた。

一例にニューヨークタイムズ中国語版の訃報記事を要訳すると、

「渡辺淳一氏は（中国での講演でも）あの『失楽園』は私のそれではなく、想像の世界と語った。氏の訃報に接し『悼念的熱浪』を送りたい。氏は九〇年代に中国語訳で紹介され、『婚外私情』（不倫のこと）の小説は、おりからの革命思想との決別時代における登場だった。『マディソン郡の橋』と同等の売れ方を示した。『失楽園』の中国語訳だけでも二、三百万部の売れ行きとなり多くに親しまれた」

と賞賛気味なのである。

北京西単《シータン》の「北京図書大厦」は中国最大、北京の銀座にある「王府井書店」、上海《しゃんはい》福建路にある「上海書城」はいずれも七階、八階建てのビルごとが書店だ。外国文学のフロアへ行くと、「日本文豪」コーナーがある。てっきり漱石・鷗外、谷崎・川端、三島かと思うと、なんと渡辺淳一である。

最初それを発見したとき、筆者には驚嘆とともに名状しがたい違和感があった。

「なんでこんなに人気あるの?」と店員に訊いてもニヤリとなるか、「そんなこと、知るか」

とにべもない返事。筆者はいずれ日中文化比較論の参考になるかと数冊の翻訳本を購入したが、値段もそこそこ高い。

　この中国における異常な渡辺ブームを知ったのは十数年前だった。講談社のエレベーターホールで知りあいの女性であるO記者に出会ったとき、「いま単行本で渡辺淳一センセの担当です。この前も上海のサイン会へ同行してきました」

「えっ？　中国で渡辺さんが売れてる。サイン会にどれくらいファンがきたの？」と訊くと三百名札止めとしても三倍ほどの列ができたとか。なかにはどうしても二冊にサインしろという「ファン」がいたそうで、O記者は「あとで調べたらプレミアムをつけて転売したそうです」

　それなら渡辺作品が羽の生えたように売れた理由は左記の三つだろうか？

　第一に彼が書くエッセイなど南京大虐殺が「あった派」であり、首相の靖国神社参拝反対など中国に媚びたものが多いから？

　第二にセックスの露骨な描写が猟奇的で、中国著名度ナンバーワンの蒼井《あおい》そらのように好奇心をそそられるからか？

　第三に渡辺の生き方がプレイボーイ、艶福《えんぷく》家だったため男性読者はその人生訓に学びたいからなのか？

　これらの動機はいずれもNOである。

渡辺が読まれる最大の理由は従来の中国になかった小説分野の登場という衝撃力を伴ったのである。

まず性愛と心理、恋愛の家庭の微妙な心の動きや男女が相手を思いやる情景が精密に描かれている。「愛」という中国人にとっての絵空事（中国語の「愛」は「爱」と書いて、まんなかの「心」がない）が、心理的にも巧妙に描かれている。性行為の描写にもそこはかと色香が漂い、男女間の行為前と行為後の心理の変化の凹凸が教訓的でもあり、恋に不倫に悩める人々には魅力的だが、こうした分野の小説がそもそも中国に存在していなかったのだ。

化け物とスーパーマンだけが中国文学

「愛」に真剣になれる？　カネ勘定をしない。打算によらない愛なんて本当に存在するのか、と中国の新世代は驚いた。そういう乾いた中国人をみて驚いたのは日本人ばかりか、台湾の人々も同じ反応だった。

大げさに文学史を振り返らなくても中国の小説といえば判で押したような革命礼賛か、武侠小説が娯楽の基軸、めったやたら強い英雄が描かれる。日本でもほぼ全作品が翻訳されている金庸《きんよう》が代表選手（徳間文庫）、反日軍人論客として名高い劉亜洲《りゅうあしゅう》も武侠小説を書く変わり者である。

しかし中国古典文学をみても、『西遊記《さいゆうき》』は化け物とスーパーマンが空を飛んだり、手から怪しい光線を出したり、口から火を噴いたりの想像世界。乱暴者の狼藉が『水滸伝《すいこでん》』。『紅楼夢《こうろうむ》』は酒池肉林だけ。性愛ストーリーがふれこみの『金瓶梅《きんぺいばい》』は、やくざな性豪が人妻に岡惚れし、亭主を殺して五人目の妾にする話である。どこを探しても『源氏物語《げんじ》』のような雅びの世界はなく、主人公らに優しさが感じられず、基本的に情緒や文化の香りが希薄である。性愛描写にしても「やったか、やらないか」だけの即物的世界だ。表現力に乏しいのだ。

「近代中国文学の祖」と過大評価される魯迅は日本留学で近代小説を学び傑作を残したものの革命後は中国共産党に政治利用された程度の作家である。魯迅の『狂人日記』や『薬』は残酷な殺しと人を食べる話だ。

ならば一流の中国人作家はと言えば殆どが外国へ亡命した。表現の自由がないからで、フランスへ亡命した高行健《こうこうけん》は二〇〇〇年にノーベル文学賞に輝いたが、すでにフランス国籍だった。『食人宴席』と『神樹』が世界的に訳された鄭義《ていぎ》は米国へ亡命した。大江健三郎《おおえけんざぶろう》は鄭義作品を「グロテスク・リアリズム」と評した。

戦前、大ベストセラー『塔のなかの女』を書いた卜乃夫《プーネイフ》（筆名＝無名氏）は台湾へ亡命した。陳若曦《チェンルオシー》は逆に蔣介石独裁時代の台湾から北京へ憧れて渡ったが失望して米国へ事実上の亡命をはたし、傑作『北京のひとり者』を書いた。これらはいずれも中国国内で発禁処分となった。

ただし香港で出版されているので大陸内でも読めないことはない。筆者は後者ふたりに長時間インタビューした経験がある（拙著『中国の悲劇』参照）。

二〇一三年度のノーベル賞作家莫言《ばくげん》は党の監視下で執筆を続けるが、スエーデンの選考委員会は共産党の圧力にまけ（前年、劉暁波《リュウ・シャオボー》受賞への抗議に「政治的」に答礼したらしい）、その年（二〇一二年）、本命と目された村上春樹を押しのけた背景がある。

さて九〇年代後半に渡辺淳一の小説が中国語に翻訳され出版されるようになった切っ掛けは作品にひとつも政治的背景がないため、「芸術」の分野は規制緩和がなされたからである。改革開放路線の恩恵である。

ほどなく中国の若い世代に圧倒的な人気がでた。理由は「八〇后《バーリンホウ》」と呼ばれる文革も知らず、堅苦しいイデオロギーとは無縁に育ち、豊かな経済を背景に教養も高く、生きる意義は見いだせない世代が社会に出始め、なかでも学歴の高い独身女性が熱狂的に読みだしたのである。離婚率が日本より遙かに高い中国という時代背景にうまく適合したのだろう。条件が良ければ人妻でも不倫に走り、あるいは夫と平気で別れて財閥の後妻になることに中国人女性は躊躇《ちゅうちょ》がない。

いまの中国の若い女の感覚はもっと翔《と》んでいて、「結婚相手は高学歴（出来れば北京、清華大学あたり）、たしかな身分と高収入とマンションを持っていること」が必須条件。どんなにイケメンでも負け組は相手にされない。就労できずアルバイトで糊口《ここう》をしのぐ蟻族は孤独感をシェア出来る村上春樹に走る。蟻族というのは給与が低いためマンションの地下室に三段ベッドで暮らし、質素な食事しか取れない一群の若者を指す。北京、上海などに数百万人いると推計されている。しかも新卒にまともな職場がないので蟻族は増えていく一方である。

天安門《てんあんもん》広場の反対側左手奥に「中山公園」という芝生の豊かな公園がある。毎週日曜日午後にどっと人が集まって「集団見合い」をする場所として有名である。ただし「見合い」といっても新郎・新婦候補ではなく両親たちがガヤガヤあつまって「おたくの息子さん、収入いくら？」「マンションはどこに、何軒所有してんの？」「勤め先と将来性は？」「持っている車はＢＭＷ？」「海外赴任のチャンスありそう？」などと露骨な質問を繰りだし、品定めをしてから写真を交換し息子、娘を見合わせる。世知辛い。

一般的な社会的通念として恋愛結婚なんて「ばかばかしい」という考えが主流である。出会い系サイトで知り合っても、職場や出身地、大卒でもないとわかると女性は横を向いてしまい、会話は突如とぎれ、負け組の男は敗北感に陥る。彼らは格差を産んだ金権社会を恨む。だから毛沢東《もうたくとう》礼賛のデモが起きたりするのである。「毛沢東時代は誰もが平等に貧乏だったではないか」というわけだ。

ときおり暴力的な「反日デモ」が許可になると彼らがここぞとばかり徹底して暴れ、憂さ晴らしをするのである。心中は反日ではない、反社会、反政府行動である。

激変する中国人女性の人生観

女性の人生観も凄まじいほどに荒《すさ》んできた。

ちょっと綺麗な女は外国人の伴侶を捜す努力を惜しまず、「たとえ禿げでもジジイでも構わない。海外へ出たい」というのが最大の人生目標である。このことは筆者が過去四〇年、合計二百回は渡航した中華圏で、カラオケに限らずホテルの従業員や売り子らとの会話からの結論である。「なぜ外国へ出たいか」という質問には公害、貧富の差、独裁という理由を挙げず、彼女らが鸚鵡《おうむ》返しに逆質問してきたのは「日本の女性もそうでしょ?」というものだった。「日本ほど外国に住みたがらない民族は珍しいですよ」と答えるとキョトンとしていた。

彼女らが目的とするのは、たとえば新聞王のルパート・マードックの三番目の後妻にまんまと納まったウェンディ・デンである。彼女の波瀾万丈の上昇人生、その生々しくも野心的な生き方が彼女らの目標である。

実際のティンは徐州《じょしゅう》生まれの貧乏娘、苦労してアメリカに渡り世話になったスポンサーの老人を寝取って戸籍を取得したらバイバイ。当時、マードックが世界の新聞王を目指して英国から米国へ進出し、FOXテレビ、ウォールストリート・ジャーナルなど次々と買収していた時期に香港のテレビに通訳として入るや、色仕掛けでマードックに近づいたと噂されたが三二年連れ添ったアンナ夫人を離婚させ正妻の地位を得た。四〇近い年齢差がある。前妻の子らとは新たに子供を作らないと誓約しながら、堂々と二人の子供を産んで、マードック死後の世界一のマスコミ帝国の財産相続を担保した。その凄まじいまでの腕前（性技？）、このデンこそが彼女らの人生目標の一つ、生き方の規範である。

女性の勝ち組のなかには「愛人業」も盛んである。スポンサーがいくら小遣いをくれる、マンションを買ってくれた、私は名勝地にリゾートも買って貰ったわ――などとあからさまに自慢しあう。自家用飛行機でどこへ連れて行ってくれた、今度は日本の富士山と箱根にファーストクラスでつれていってくれる、って。

北京師範大学門前は「愛人」を週末に迎えにくる黒塗り高級車がならぶ。カリフォルニアにはれっきとした中国人だけの「妾村」がある。そして若い女性は権力者、金持ちなら愛人でも構わないというあっけらかんと割り切る人生観なのである。

こういう短絡的、単細胞思考は中国人がいかにカネと権力を愛しても、純愛を信じていないかの証拠でもある。

しかし勝ち組など例外的で大方は負け組である。

美貌にも恵まれず愛人として自分を高く売り込めなかった女性らは売春街へでて稼ぐ。カラオケ、マッサージ、怪しげなサウナ、曖昧宿。目的はカネだけである。「からだが売れるうちにカネを得たい」と呻《うめ》くような生き様は福島香織《ふくしまかおり》の『中国の女』（文藝春秋）に譲るとして、こうなると男性側も相手の遊び方は露骨でえげつなく、バアでの会話は「やるか、やらないか、いくら」だけの世界だ。即物的、情緒がはいりこむ余地はない。

のんびり文学論議などする銀座の文壇バーは中国では存在しない。手も握らないで会話を楽しんで数万円を支払う銀座紳士なんて中国人男性からみれば宇宙人だ。

こうした状況下に渡辺淳一が切り込んだわけだから斬新、新鮮な衝撃と捉えられた。これまで考えられない世界が中国人の若者世代に提示されたのだ。

なにしろ渡辺作品の主人たちと言えば、左遷された編集者とか、うだつの上がらない建設会社の部長とか、冴えない男たち。他方、女性主人公らは性愛で開発され男に惹かれる時期もあるが、人生の姿勢に凛としたところがあり、そのうえ自己を確立した女性が多いのでカネとか権力は興味の対象ですらない。

言ってみれば中国的価値判断からは「落ちこぼれ」である。ところが全編、「愛」というテーマをめぐる心理の変化が克明に描かれ、人生始まってから経験をしたことのない世界だから、俄然《がぜん》、若い中国人が読み始めたのだ。文革体験とその後遺症が残る習近平《しゅうきんぺい》、李克強《りこっきょう》世代から上は読まない。青少年は圧倒的に日本のアニメ、二〇代前半の中国人はゲームとスマホに狂うが。

　渡辺が上海でサイン会を開催したら数百名が列を作って前代未聞の騒ぎとなったことは述べたが、じつはその後も上海で講演会とサイン会があって渡辺は再度出向いて上海オークラ（花園飯店）に宿泊している。主要な作品はすべて訳され選集まで刊行されている、いまでこそ売れ行きは村上春樹に負けるものの、依然、高い人気を維持している。付け加えると中国の大学、大学院の日本文学専攻者の間では研究テーマのダントツ一位は村上春樹で、その無国籍的状況設定とデカダンス、懈怠《けたい》、孤独、ナショナルな動きへの反発が共感を呼ぶ。第二位は三島由紀夫《みしまゆきお》だが、渡辺淳一を卒論テーマにする学生は殆どいないという。

　日本文学と無縁という意味で村上春樹が読まれるように最近の売れ行きランキングを見ていると東野圭吾《ひがしのけいご》が村上、渡辺に続くが企業経営幹部やエリートビジネスマンらは意外に山岡荘八《やまおかそうはち》『徳川家康』を読んでいる（全巻が中国語に訳されている）。なんでもあり、勝てば官軍の孫子の兵法しか知らない中国人が多様な戦術を用いつつも人材を重視した日本の戦法に興味があるからだ。これも価値観の多様化と若干《じゃっかん》の国際化が背景にある。

中国の若者と政治のギャップ

　さてそれなら渡辺淳一の如何なる表現箇所が中国人に受けたのか？
　よもや風俗小説には出てこない次のような台詞がある。

男と女のあいだは、新しい発見がある限り、愛は深まる

女はベッドの前でためらい迷うことが多いが、男はむしろ、終わったあとで迷い悩むなどという箴言《しんげん》的な恋愛のテツガク表現がまず魅力的らしい。

「浮気」とは、もしかすると、気持ちが浮いている、ということなのかも知れない。それは妻や決まった女性から気持ちが離れている、という意味ではなく、躰は関係していても気持ちは宙に浮いている、というように解釈すべきかも知れない。躰はともかく、心までのめり込んでいないから、男の浮気の多くはやがて元の鞘に納まる。

女の（恋愛への）厳しさからみると、男ははるかに優柔不断である。

こうした表現は中国文学では味わえない。あの男はいくら持っていそうだから籠絡しよう、あの女はいくら積めばオレのものになるかなどという直截《ちょくせつ》な表現が横溢《おういつ》してきたわけで、性行

為の前後に思考する場面がやたら多い渡辺作品は中国人にとっては「高尚」であり、「好色」だけの世界とは言えないわけだ。

濡れ場の描写は渡辺作品の一番の売りとはいえ、色香と艶福な情景がさらりと描かれる。たとえば次なる場面はセックスへいたる前段階の情景なのだが、渡辺作品では重視されていることが分かるだろう。


鏡は最近ときどき見かけるマジックミラーらしく、こちらからは見透せるが、向こうからは見えぬ仕掛けになっているらしい。その正面で霞（女性主人公）が軽く前屈みで浴槽の縁をまたぎ、ゆっくりと躰を沈めていく。それにつれて、初め秘所に当てていたタオルは胸に移行し、瞬間、小さくとび出た乳首が垣間見える。

（『ひとひらの雪』）


この箇所を中国語版（『一片雪』、陸求実訳、文滙出版社）に拾うと次のような翻訳文が飛び込んでくる。

「鏡子好像之近来比較常見的魔鏡、従這辺可以透寸去看至浴室里的情景、而従浴室那辺則看不見這里。此時阿霞正軽軽派佳鏡子正面的浴池辺縁、慢慢地往池中沈下去、与此同時、当在身前的毛巾也随之上移到了胸口、瞬間、乳頭急急約約露了出来」

かくて「愛人との不倫の恋に落ちて青春を回復したことは恰《あたか》も手の中につもった雪の如し」（沈溺、不倫之恋回望歓情恰如掌中雪花）などという中国の宣伝文句となって書店のコーナーで目を引くことになる。

それにしても、あの凶暴な血の弾圧を少数民族や民主活動家や法輪功《ほうりんこう》にくわえ、他国の領土・領海をかすめ取る指導者の国で、若者たちが政治とはまったく乖離した認識を抱いているのである。

これもまた中国の一断面であり、台湾の文化事情とは大きく趣を異にしていることがわかるであろう。

第四章

世界史のなかの哲人政治家・李登輝

日本人を台湾贔屓にさせるカリスマ性

李登輝《りとうき》元総統の存在が、どれほど日本人を台湾贔屓《びいき》にしたであろうか。すでの多くの人が李総統を語った。単行本は二十数冊、近年は日本の月刊誌の常連だから、その主張に親しんだ読者も多いだろう。

最初に会ったときは感動的だった。オーラを感じた人物は我が人生においても三島由紀夫《みしまゆきお》、ニクソン、そしてこの李登輝の三人である。

総統退任後、沖縄を含めて五回、来日されたが、総統を一目見ようと、あるいはその謦咳《けいがい》に接しようと行く先々で待ちかまえて熱狂的に歓迎し、多くの日本人の輪ができあがる。

初回の来日は総統離任から一年後の二〇〇一年、心臓病治療を名目に大阪と岡山を訪れた。大阪の飛行場に歓迎の人々が押し寄せ、そのまま市内の宿舎までついてきた。およそ千名が帝国ホテルの前に集まって歓迎した。

二回目の来日に際しては日中間の暗雲が広がった。中国が浴びせてきた想像を絶する罵詈雑《ばりぞう》言《ごん》と妨害工作の数々を目撃した日本人の多くは中国が嫌いと答えるようになった。

李元総統一行は二〇〇四年一二月二七日に名古屋空港から入国した。

「私人の観光旅行」に徹するという条件で日本政府はビザを発給し、講演会、記者会見などを認めなかった。外務省職員がふたり張り付いてスケジュールを完全に掌握し、随行記者団を警備陣で囲んで直接取材を遮断する一方、新華社《しんかしゃ》の記者にだけは特権を与える「配慮」も示した。新華社は「新聞記者」を仮面にした中国情報部員である。これで外務省は北京《ペきん》にも「誠意」のシグナルを送ったと言うわけだ。

李登輝は戦前、京都帝国大学農学部に学び、学徒動員で陸軍に入隊し、名古屋で終戦をむかえた。だから名古屋訪問は五九年ぶりのセンチメンタル・ジャーニーとなった。

各地で日の丸、台湾旗（中華民国旗ではない）をもった数百人が寒風のなかを出迎えた。名古屋城、徳川美術館などを見学、金沢では青年時代に学んだ西田幾多郎《にしだきたろう》や台湾にダムをつくった八田與一《はったよいち》の記念館をめぐった。どこでも、大雪の中でさえ歓迎の人の輪が絶えなかった。

京都で清水寺見学のあと司馬遼太郎《しばりょうたろう》の墓参《ぼさん》も済ませ、翌年一月二日に関西国際空港から台湾に帰国した。

これほど日本人が暖かく迎えたのは李登輝が流暢《りゅうちょう》な日本語を話せることだけが理由ではない。彼に戦後日本人が見失った道徳家、高潔な古武士像をみたからだ。

ところが中国は李の訪日に猛反対。ビザが発給された後は、「日本政府が李来日を認めたのは悪行」と非難し、「李登輝は戦争メーカー」と不思議な語彙《ごい》を用いた。大人げない、子供じみた狂気。しかも李登輝滞日中に、中国は台湾独立を武力でもって阻止する「反国家分裂法」

を策定し、全人代で可決する旨を発表し近隣諸国を不安に陥れた。台湾を威嚇し続ける傲岸不遜さ！　この動きに敏感に配慮して親中派の政治家さえが訪中を取りやめるという一幕もあった。

日本がためらい続けた李登輝へのビザ発給は米国も意外と受け取ったらしい。なにしろ日本には何度も中国の言い分を呑んでビザを拒否した過去があるからだ。保守派を代表する『ウォールストリート・ジャーナル』（二〇〇四年一二月二七日）がさりげなく次のように書いた。

北京による報復を恐れる西側は独立志向の李氏を煙たがってきた。日本も例外でなかったのだが、中国艦船の日本領海侵犯直後、中国との対決を嫌う伝統を捨て日本政府は毅然と対決姿勢をうちだし、中国の謝罪を手に入れた。新防衛大綱では中国と北朝鮮を主な脅威と定義した。

なぜ中国は李登輝を恐れるのか

ここで素朴な疑問が幾つか湧いてくる。

第一。李登輝は自由に米国に行けるのに日本となると中国は何故ああまで過激に容喙《ようかい》するのだろう？

米国は李登輝に五年間有効の数次ビザを二〇〇一年に発給しており、イギリスやチェコなどもこれに準じて訪問を受けいれている。

李登輝ばかりか陳水扁《ちんすいへん》前総統も現職時代にさえ米国へ講演旅行ができた。

米国では台湾からの留学生を援助するシステムがある。日本は台湾からの留学生の在留許可書の国籍欄まで「中華人民共和国」と記述させ、書面上、台湾は中国の不可分の領土という行政解釈を徹底しており、NHK報道もこれに準じている。

第二。李登輝の海外渡航のことだけではない。台湾が独立を宣言したら北京は台湾へ武力侵攻をする、と獅子吼《ししく》しながら米国の対台湾武器援助にはうるさくないばかりか、人権をめぐっての米国からの抗議に弱腰なのは何故なのか？

現在、中国の民主活動家の亡命先は欧米で、特に米国に逃れた著名な中国知識人には魏京生《ぎきょうせい》、呉弘達（ハリー・ウー）、天安門《てんあんもん》事件で学生リーダーだったウアルカイシ（吾爾開希）、王丹《おうたん》ら、じつに四万五千人前後もいる。彼らは中国の人権抑圧を批判して米国議会に陳情をつづけ習近平《しゅうきんぺい》、胡錦濤《こきんとう》、江沢民《こうたくみん》、李鵬《りほう》などが訪米のおりにはデモを組織した。その後、王丹とウアルカイシは台湾へ移住した。

北京は亡命者をかばう米国に口先の抗議をしてもうやむやのうちに撤回するか、黙認する。

米国議会が人権蹂躙《じゅうりん》だと騒ぐと、五月雨《さみだれ》式に活動家を労働改造所や監獄からだして米国への出国を許可してきた。

だが日本には一切の政治亡命を認めさせない。あまつさえ日本の歴史教科書問題にまで容赦なく介入し、首相は靖国神社に行くなと命ずるのは皇帝に朝貢する地方政権が日本であるかのごとく認識しているからだろう。

そこまで増上慢《ぞうじょうまん》な理由を知るには「中華思想」なるものの実態と、それが派生させた「反日感情」の屈折した中国人の心理を別の角度から整理してみよう。

中華思想とはわかりやすく言えば〝大風呂敷〞のことである。

中国が世界の中心であり、中華民族は世界で一番優秀であり、日本は東の夷《えびす》に過ぎず、何百年にもわたり、「倭《わ》」とか「小日本」とか命名して軽蔑してきた。いまも大仰に侮蔑する振りをする。

中国を侵略したのはイギリス、ドイツ、ロシアだった。インドシナ半島はフランスが植民地にした。インドネシアはオランダが。米国にしてもフィリピンを植民地化し、ハワイを併呑《へいどん》した。

朝鮮戦争で中国が実際に戦ったのは米国だった。日本は満州族の土地に進出したが、本来の漢民族の土地ではなかった。

ところが中国共産党はそういう客観的事実などすっぽりとわすれ、各地にある歴史記念館をどぎつい「反日」一色で染め上げた。

筆者は主要な歴史館を百近く見ているが、「反米」、「反英」、「反ロ」、「反独」、「反仏」「反蘭」の展示はほとんどないと言っていい。その理由は、米英露独仏といった軍事大国、政治大国には立ち向かわない心理が働いているからだ。常に中国は、強い者には媚び、弱い者は徹底していじめる体質なのである。

もともとそういう体質のところへ、九三年以来の江沢民の反日教育の徹底が加わった。

率直に言って「反日」は中国共産党の失政、悪政への庶民の不満をそらし、共産党とその特権を守るためのすり替えが目的である。仮想敵をひとつだけに絞り込んで、当面、日本にだけ敵愾心を煽《あお》ろうというわけだ。

ここに中国が李登輝をあれだけ毛嫌う理由の一つがある。

侮蔑すべき日本を、反対に礼賛《らいさん》して止まないのが李登輝だから「日本軍国主義と同罪」となるわけだ。まして二二歳まで李登輝は「岩里政男」なる日本名があったうえ、兄は戦死しており、靖国神社に祀られているとなれば、江沢民以下の反日思想を獅子吼する中国人にとってこれほど憎い人間もいまい。

中華を謳《うた》う根底にある劣等意識

中国人の深層心理にもうひとつ横たわるのは屈折した劣等意識である。

大東亜戦争で日本と対峙し戦ってきたのは蔣介石《しょうかいせき》の国民党である。当時、共産党はその背後で蠢《うごめ》いていただけの盗賊、いや山賊まがいの集団だった。

ましてや旧満州を「恢復《かいふく》」できたのはソ連軍のおかげである。蔣介石とて抗日戦の勝利は、日本が米英に降伏したあとの漁夫の利でしかない。

中国共産党の指導よろしきを得て、「正式」に日本に勝ったわけではない。その事実は都合が悪いので懸命に隠し、歴史を共産党が勝ったかのように改竄《かいざん》している。そうした輻輳《ふくそう》した要素が、実は自分たちは（本来はバカにすべき小さな国である）日本の軍隊に勝つどころか、戦ってもいないという劣等感を補い、「反日感情」へ複雑に混在させているのである。

古来より中国人には、架空の空間でありえないこと、不可能なことを吠える特性がある。つまりそれが真実ではないことを知っていても人前で言わざるを得ないし、答案に書かざるを得ないという処世術がある。

「中共が日本軍に勝った」という妄想が事実となっているのが中国的発想なのだ。それゆえに台湾問題に対しても傲岸の極地を誇示する。なぜなら国共内戦に敗れて以降、大陸を捨て台湾に逃げ込み、統治してきた国民党こそが実際には日本軍と戦ってきた実体であり、北京には彼らに対する劣等意識の裏返しがあるからである。

だから北京は支離滅裂な論理を台湾にも一方的に押し付ける。曰く、「①〝中国はひとつ〟であり②中台統一は不可避的であり③台湾当局は北京が中央政府を主導することを確認する必要があり④したがって統一議論は『政府間』のレベルで行われるのではなく、民間団体が行い⑤平和的解決をあくまで望むが、武力行使の選択を放棄しない⑥北京が外交、国家安全保障、主権論議を決定できる唯一合法の権力である」と。

現実の台湾は主権をもった政府が二三〇〇万人の国民を治めており、独自に徴税し、軍を維持し、自由な選挙制度のもとで元首、国会議員が選ばれている。中国は歴史上かつて一度も台湾を〝実効統治〟したことはない。日清《にっしん》戦争で負けて台湾を割譲したときも、「あんな化外《けがい》の土地などいらない」と嘯《うそぶ》いたほどだ。

対して台湾は一〇年ほど前から「①両岸（台湾と中国）は台湾が歴《れき》とした独立主権の存在である事実を認識し②双方がともに平等な状況で交渉に臨むものの、③北京が武力解放路線を放棄しないかぎり公式の交渉はありえず④中国は民主化すべきであり、⑤自由な経済市場でなければならない」と主張してきた。

台湾が中国とは異なった、独立主権国家であることを鮮明にしはじめたのは李登輝が総統になってからである。

一九八九年までは蔣介石、嚴家淦《げんかかん》、蔣経国（蔣介石の息子）と外省人の総統が続き、初めて本省人として総統になったのが李登輝だった。

総統時代の一九九九年七月に、「中国と台湾は『特殊な国と国の関係』だ」と爆弾発言。はっきりと二つの国であると言いきった。

北京の李登輝個人への批判はこの「二国論」発言直後から強烈激烈苛烈となった。この独立路線は「一国一辺」と言い直した陳水扁に引き継がれる（このとき私は「猿でもわかるふたつの中国」という所論を『諸君！』に書いた。台湾で抄訳された）。

パンドラの箱を開けてしまったのが李登輝だった。これまでは共同幻想に基づく「中国の本家争い」だったのに片方が降りてしまったのだから、振り上げたこぶしを降ろすところがない。

いきおい北京は李登輝の個人攻撃へと向う。

「李登輝は日本人であり、彼の分裂主義を煽《あお》る背景には日本の情報戦略がある」云々……。不寛容で唯我独尊的な中華思想の厄介さに、反日感情や劣等感、幻想や妄想、あれやこれやが加わった。これらが李登輝と台湾をめぐる問題をますます複雑化させたのである。

蔣介石独裁時代には台湾でも中華思想の歴史教育を徹底した。子供達に反日を教え、日本語教育は禁止され、そうした状況を李登輝氏は司馬遼太郎との対談で「台湾に生まれた悲哀」と比喩した。

台湾人としてのアイデンティティは国民党によって歪められた。それを恢復《かいふく》しようと動いたのが李登輝総統だったから台湾国内の統一派と中国は「反李登輝」という文脈では利害が一致し、共闘することになる。

大手台湾マスコミは九割が外省人

従って李登輝訪日を、当の台湾のマスコミが歓迎一色だったか、というと必ずしもそうではなかった。

なぜなら台湾の大手マスコミは九割が外省人経営であり、一部に李登輝を憎む人達がいるためである。世論調査を見ると「確固として独立」志向の台湾人は一割に満たない。大半は独立を表面化させないで「現状維持」を続け、暫時《ざんじ》、曖昧な状況でも良いと割り切っている。

こうした状況下、北京も国際世論の手前、強気の発言はするものの腹の底では現状維持が望ましい。だから李登輝が台湾独立を声高に主張すると「分裂主義者」と罵って、その声を封じ込めようとするのだ。

二回目の李登輝訪日中、中国外交部の劉建超《りゅうけんちょう》報道官は「李登輝氏は台湾島内の急進的な〝台湾独立〟を掲げる勢力の代表的人物だ。日本政府が李登輝氏の訪日活動を許可したことは、

〝台湾独立〟を掲げる分裂勢力に対する容認と支持であり〝台湾独立〟勢力に対し再び誤ったシグナルを発し、中日関係の政治的基礎を損なった」と発言した（〇四年一二月二八日）。

北京がまだそうした幻想に酔う発言をつづける以上、台湾海峡から危機が去ることはないだろう。こうした中国の中華思想的で驕慢な反応に、日本滞在中の李登輝一行は「無言の行動」をとった。

能登《のと》は和倉《わくら》温泉「加賀屋」に一泊した際に、旅館側が歓迎の意味を込めて玄関に日章旗と中華民国旗（青天白日旗）を掲げていた。李随行団は静かに交換を要請し、直後、青天白日旗は台湾旗（独立を象徴する緑旗）と替えられた。

二〇〇七年五月三〇日、李登輝前台湾総統が戦後、三度目の来日をはたした。こんどは東京へ堂々と乗り入れた。

いきなり芭蕉記念館へ。

「深川《ふかがわ》に芭蕉慕い来、夏の夢」

と芭蕉碑を見学の後、李総統夫妻は句を披露した。

訪日目的は後藤新平《ごとうしんぺい》賞の受賞と記念講演だった。その授賞式で「後藤新平と私」と題する講演のあと、仙台から塩竈《しおがま》、そして山寺へ。

「夏草や強者どもが夢のあと」「静けさや岩にしみいる蝉の音」と日本人なら誰もが諳《そら》んじる

俳諧の浪漫を、氏の訪問は思い出させてくれた。

三回目の訪日でも中国の妨害と雑音は凄まじかった。一回目は人道的理由から病気療養のため、ビザが発給された。「迷惑な話だ」と親中派議員の一部が北京の顔色を見ながら言っていた。

二回目は「私人の観光旅行」に徹するという条件で日本政府はビザを発給し、講演会、記者会見などを一切、認めなかった。

〇五年に「反日暴動」が起きた。日本の空気はガラリと変貌し嫌中感情が全土を覆った。慌てて中国の首相が来日し、にたにたと薄ら笑いを浮かべながら日本企業の誘致に熱心だった。日中間の政治環境は劇的に変わった。李総統の訪日を妨げる政治的要素は激減した。日本各地で日の丸、台湾旗（中華民国旗ではない）をもった数百人が行く先々で暖かく出迎えた。

李登輝来日をめぐっての反対派の声は随分《ずいぶん》と静かになった。北京が黙っていたからである。名古屋、金沢、京都を訪問したときには講演会を開けなかった。三回目は各地で講演会を開催できるほどの政治的な環境変化は特筆すべきである。

日本外交の変容の予兆は外務省内主流だったチャイナスクールを抑え込んで、第一次安倍晋三政権が訪日を比較的容易に実現させたのだ。

その背景には多くの親台派の政治家も動いた。むしろ中国への世論が厳しくなった環境変化が重要だった。

後藤新平と李登輝

二〇〇七年六月一日午前、東京・六本木の国際文化会館は早朝から異様な緊張に包まれた。日頃ならのんびりとテラスで喫茶する外国人宿泊者、新聞をたたむ音しか聞こえないロビィの静けさ。誰もが愛《め》でる日本庭園の美しさ。独特の静謐《せいひつ》は警備陣と報道陣によって一瞬に掻き消された。第一回「後藤新平賞」に決まった李登輝元台湾総統がここで記念講演をするからである。

世界から報道陣がおよそ一二〇名。SPが数名。台湾から随行してきたカメラとテレビクルーも目立ち、ぎっしりと会場の余地を埋めた。日本の台北特派員も随行してきている。テレビカメラがずらりと会場の右側と後方を占め、身動きがとれないほどの熱気に溢れた。参会者は定員一二〇名に対して二〇〇名以上。ぎっしりと立ち見も出たが、さらに一部は入場できなくロビィに屯する有様だった。

偶然、筆者の隣席に座ったのは竹村健一だった。氏とは九九年に夫妻一緒で台湾へ行き、李登輝総統と面会した関係もあり、二人して控え室にいる李登輝総統に挨拶に行った。

李登輝総統（右）と筆者（台北の李総統の自宅で）

控え室には総統夫妻を囲んで中嶋嶺雄《なかじまみねお》、粕《かす》谷《や》一希《かずき》、金美齢《きんびれい》。台湾から同行してきた黄昭堂《こうしょうどう》ら。会場には許世楷《こうせいかい》（台北駐日経済文化代表処代表）はもちろんのこと、岡崎久彦、櫻井よしこ、大宅映子、日下公人《くさかきみんど》、花田紀凱《はなだかずよし》、塩川正十郎、住田良能《すみだながよし》（産経社長）、小田村四郎ら各氏の顔があった。

授賞までの経過説明を主催者の藤原書店代表が述べたあと粕谷一希（元『中央公論』編集長）が選考審査過程を披瀝され、受賞牌の贈呈。副賞はシチズンの置き時計で、理由は「シチズン」の命名が後藤新平による由。

左記が筆者がまとめた講演要旨である。

『後藤新平と私』

李登輝

後藤新平の生誕一五〇年を記念して全集が藤原書店から刊行され、「後藤新平賞」が新設されたことは画期的で、新しい時代の指導者育成を目的とする栄誉に初回に輝けたことを光栄に思う。

後藤新平は一八五七年生まれで、一九二九年に没した。私は一九二三年生まれ、交差していないが、精神の空間で結ばれている。

後藤新平は一八九八年三月から一九〇六年九月まで、八年七ヵ月を台湾民政長官として過ごし、未開だった台湾の近代化のために成し遂げた功績は大きい。その生い立ち、功績、人間としての偉大さを私は深く心に刻み込んできた。

後藤は貧窮のどん底から立ち上がり、医者から衛生局長となり、一八九八年児玉源太郎《こだまげんたろう》の推挙によって台湾へ赴任した。

かれの復員傷兵の帰国に際しての検疫能力を高くかったから、とされる。

当時の台湾は匪賊《ひぞく》が跋扈《ばっこ》し、ペスト、赤痢、チフス、毒蛇が蔓延して、不衛生極まりなく、漢族と原住民部族の対立があり、産業は未開のまま、およそ近代化には遠い状況だった。

後藤は台湾近代化、台湾の開発に何が目的であり、その目的達成のためには何が大切かを考えて、明治政府の全面的な支援の下に諸改革を実行に移した。

第一は人材の確保であった。一八〇〇人の無能の役人を馘首《かくしゅ》し、新しい人材を適所に配置した。この中には新渡戸稲造《にとべいなぞう》も含まれていた。

第二に匪賊対策を従来の路線から変更し、単に匪賊を退治するのではなく労働の現場へ配置しなおして、かれらを生産、建設に役立てて任務を教えた。

第三に「保甲《ほこう》制度」、つまり地方自治の確立である。住民の自治を尊び、交通を整備し、戸籍制度の充実と整備をなした。同時に自治の責任を持たせた。

第四に劣悪な衛生環境を改善し、マラリアなどの退治のために血清の研究と同時に田舎にも医者を配置して政府派遣として医療行政を実地した。

都市部では下水道の整備を急いだ。

第五が教育の普及である。

（ほかの列強は現地植民地を搾取するばかりで教育をおざなりにしたが）日本は台湾の植民地経営を教育から開始したのだ。

第六に開発近代化の財源を確保するために地方債券を発行し、内地（日本）の国会の承認を得た。これにより土地改革がすすみ、鉄道が敷設され、基隆《キールン》港が整備された。

第七は「三大専売法」を施行させたことだ。

阿片、樟脳《しょうのう》、食塩、酒、煙草が専売となり税金収入が公債の返済に充てられた。

第八に「台湾銀行」が創設されて台湾銀行券が流通、また「度量法」が統一され、それまで台南《たいなん》と台北で異なった重さや長さの図り方が統一された。

第九は産業の奨励で、砂糖、樟脳、茶、こめ、阿里山《ありさん》森林の開発が進められて開発が軌道に乗る。

第一〇は貿易の拡大であり、そのために外国資本が独占していた商船の運搬を民間にも広げた。

第一一に後藤の「南進政策」がある。

当時、厦門《アモイ》、香港への投資も開始され、厦門には台湾銀行支店が設置を見た。

第一二に国民の生活習慣のなかで弁髪《べんはつ》、纏足《てんそく》など悪習を禁止した。

後藤新平はその後、満鉄総裁として満州に赴くが、もし、台湾に留まっていれば、台湾の行政はさらに異なったレールを走ったことと思われる。

なぜ、日本人はああまで情熱的だったのか？

生誕一五〇年を待たずに後藤新平の研究がおおいに進み、許文龍《きょぶんりゅう》氏をして、「台湾への政策は素晴らしかったけれども、なぜ、日本人はあれほどの情熱を燃やして台湾の近代化に努力したのか」と問いかけている。とくに拓殖大学で、この研究が進められた。池田憲《いけだのり》彦《ひこ》教授は「まず明治天皇の御叡慮があり、新しい版図への使命観があった。みずみずしい感受性と、ひるまない精神、つまり『肯定的思考』が多くの勇断を運んだ」と指摘している。

台湾人として生まれた悲哀と、同時に二二歳まで日本人だった私が、日本の教育を受け、『肯定的人生』という人生観を体得して、農業の改革に着手し、その後、台北市長、台湾省省長を経て、副総統、そして一二年間にわたって総統として、一滴の血も流さないで台湾に民主化という〝静かなる革命〟をもたらすことができたことを一生の誇りとする。

これらは後藤新平の台湾施政への哲学的基礎の上になりたっており、今日の台湾の民主と繁栄が築かれてきたのだ。

その精神的な繋がりの空間で、世代と時間をこえての共通の価値があり、だから私は後藤新平を敬愛してきたのである。

「今の日本人も戦前の日本人の美徳を保持している」

「奥の細道」は半分だけで日程が足りなかった。けれども李総統夫妻は日本文化の特徴である自然との調和を実感した。芭蕉の足跡は深川・千住《せんじゅ》・平泉《ひらいずみ》・山寺・象潟《きさかた》のみで新潟以降は次回へ持ち越しとなった。

秋田の国際教養大学では「日本の教育と台湾、私の歩んできた道」というテーマで特別講義を、若い学生になして日本的教育を受けて得た経験を話した。総統と親しい中嶋嶺雄学長が特別に依頼して秋田での講演も実現した。

人生の価値観への理解と、種々の問題に直面したときにも自我の思想を排除して客観的な立場で正確な解決策を考える事ができた。

帰京して六月七日早朝には念願の靖国神社を参拝した。この靖国参拝は第二次世界大戦で亡くなった兄の冥福を祈る目的だった。

記者会見は何回も開催された。

李総統は靖国神社参拝をこう語った。

六〇年間会っていない、位牌・墓もない兄、慰霊・冥福を祈ることができて、忘れない思い出となった。日本旅行で強く感じたことは、戦後六〇年で日本が大変な経済発展を遂げたことだ。私は昭和二一年、新橋の焼け野原に建っていた家に住んでいた。その時の有楽町と今を比べると天地の差だ。

焦土から立ち上がり、世界第二位の経済大国を作り上げた国民の努力と指導者の正確な指導に敬意を表する。いまひとつ、日本文化が進歩した社会で失われていなかった事実。敗戦により耐え忍ぶしか道はなかった。忍耐するしかなかった。経済一点張りの繁栄を求めることを余儀なくされた。そうした中にあっても伝統や文化を失わずに日本は来た。

日本人のすばらしさが復活していた

日本の旅行で強く記憶に残っているのは、さまざまな産業におけるサービスのすばらしさだ。戦前の日本人が持っていたまじめさ、こまやかさがはっきりと感じられた。今の日本人がダメだということも聞くが、私は決してそうは思わない。日本人は戦前の日本人同様、日本人の美徳をきちんと保持している。社会が全部秩序よく訓練されて人民の生活が秩序よく守られている。

たしかに外見的には弛んだ面もあるだろう。それはかつての社会的な束縛が解放されたからで、日本人の多くは社会の規則に従って行動している。東京から仙台、日光へと移動する間、よく観察していると日本人は本当に社会の規則に従ってみんな正しく行動しているということだ。他国ではなかなか見つからない。社会的な秩序がきちんと守られ、公共の場所では最高のサービスを提供している、清浄に保たれている。高速道路を走ってみるとチリ一つない。

かつて日本の若い人に会ったときは、自分だけよければいい、国なんか必要ないという考え方が強かったようだが、社会・国家への考えた方が、大きく変わり始めた。

戦後六〇年の忍耐のときを経て、経済発展を追求するだけでなく、アジアの一員として自覚を持つようになった。武士道精神に基づく日本文化の精神面が強調され始めた。日本文化の高い精神面が高く評価されている。

日本文化は大陸から西から滔々《とうとう》と流れ込んだ大波の中で驚異的な進歩を遂げ続けてきたが一度もそれらの奔流に呑《の》み込まれることなく、日本独自の伝統をりっぱに築き上げてきた。

日本人には古来、稀な力と精神が備わっている。外来の文化をたくみに取り入れながら自分にとってより便利で受け入れやすいものに作り変えてゆく。このような新しい文化創造は一国の成長・発展という未来への道にとって非常に大切なものだ。天賦の才に恵まれた日本人が、簡単に日本的精神といった貴重な遺産や伝統を捨て去るはずが無いと堅く信じている。

次に日本を訪問する機会があれば、日本は歴史的にもっと創造的な生命力を持った国に生まれ変っているものと信じている。

感動的な数々の言葉を残して李総統は帰国した。

李登輝はなつかしい日本の武士型人間

その後、四回目の訪日は二〇〇八年九月、沖縄への訪問、講演旅行だった。「学問のすすめと日本文化の特徴」と題された講演のほか、首里城《しゅり》などを見学、四日間の日程を精力的にこなした。

筆者は個人的に何回か李総統と会っている。初回は一九九八年、アジア・オープンフォーラムに招かれ台中市で、そのおり日本からの参加者七〇名ほどが総統府にも表敬訪問し、一人一人と握手、総統はかならず「よくいらっしゃいました」と言った。

アジア・オープンフォーラムは日台の相互理解のために、日本側は中嶋嶺雄、亀井正夫《かめいまさお》らを中心に組織され、台湾側は李登輝総統自らが音頭を取って毎年毎年、日本と台湾の名所旧跡に近いホテルで交互に開催され、筆者は台中、台南、台北の大会、そして日本では松本での最終回に参加した。一二年間に亘ったこのイベントで実に多くの人々が交流した。

一九九九年には竹村健一《たけむらけんいち》夫妻と一緒に台湾へ飛び、総統府で一時間ほど会見、直後のフジテレビで数分、このときの模様が放映された。

総統職を離れてやや自由になられてからは、主宰されている淡水《たんすい》のシンクタンクのオフィス、台北の自宅、そして大渓《たいけい》にある別荘と場所を変えながらも何回かお目にかかり、そのつど謦咳に接することができた。

いつのときか忘れたが、台北に所用あって滞在していたおり筆者は李登輝とすこし面会できる時間があって台北市内の自宅へうかがった。筆者はふたつのことを報告した。第一は李登輝総統の揮毫《きごう》による石碑が周南《しゅうなん》市の児玉《こだま》神社境内にできたこと、第二は奥の細道紀行で松島に立ち寄ったおりに読まれた句が現場に石碑となって建立されたこと。李総統はにこやかに笑って逆に質問してこられた。

「児玉神社の石碑の字句は？」

「ええ、『浩氣長存《こうきちょうぞん》』です」と筆者は写真をみせた。

「松島の句碑はノーベル文学賞を貰ったようなうれしさを感じた」と感想を漏らした。

「つぎの台湾の戦略は『外来政権』を復活させないためにも本土派の結集が大事、そのために陳水扁政権を安定させる必要があります」と李登輝総統。八〇歳を越えた年齢を全く感じさせない。顔の色つやもいい。

李総統自ら旗揚げした政策集団「群策会」（二〇一二年、「李登輝基金会」に改組）について尋ねると、「これはシンクタンクでなく、ドゥー・タンク（DO TANK）です」と歯切れよい言葉が跳ね返ってきた。

「智庫」ではなく「動庫」というわけだ。選挙直後に内外の知識人を集めて発足された組織だがマスコミの注目度はナンバー・ワン。政界再編の台風の目と言われていた。

李総統と話をしていて、筆者が毎回ひしひしと感じるのは、その凄まじいまでの使命感からくるエネルギーである。

日本への診察旅行を延期し、選挙ではどんな若い候補者より長く、遠く、宣伝カーにはりつき、「神が与えた余命を」台湾のために懸けている。

しかし悲壮感はどこにもないのだ。よく考えてみれば、ふた昔ほど前まで日本にたくさんいた武士型人間の典型である。

二〇一四年七月三日、日本の国会が集団的自衛権の論議で燃え、ようやく公明党が折れて閣議決定となった。

この報道に接した李登輝元総統は集団的自衛権行使容認の閣議決定について「日米同盟の関係強化によるアジア地域への好影響」を期待するという見解を示した。

その理由を「圧倒的な軍事力を持ちながら経済面で問題を抱える米国のためにもなり、米国を安心させることができるうえ、日本は今後、フィリピン、オーストラリア、インドとの軍事関係が深まり、台湾にも良い影響がもたらされる」とした。

問題は中国の軍事的脅威だが、「中国大陸は尖閣諸島ならびに南シナ海で軽率な行動に出られなくなるため、地域の安定に寄与する」と評価し、加えて李登輝は「日本はこれを機に憲法九条の改正、日本版『台湾関係法』の制定に取り組み、台湾に安定を与えるべきだ」と希望を述べた。

李登輝総統にお目にかかる毎に霊感のごとくに感じることがある。

李登輝総統はいみじくも阿川弘之《あがわひろゆき》が比喩したように「アジア最大の政治家」ではなく、世界に類いなき哲人政治家である。私たち日本人が李登輝の思想と行動、その稀有《けう》なリーダーシップに注目し共鳴するのは戦後の日本の指導者の不在に起因し、その嘆き、その理想を氏に仮託しているからであろう。

第五章

日本精神を体現する台湾の企業人

台湾企業は北京の人質か？

〝台湾の独立〟に真っ向から反対し、台湾の政治家を揺さぶる北京《ぺきん》だが、どっこい商売となると話はまったく別の顔をする。カメレオン的性格を持つ中国共産党はくるりと首が変わるヤヌスかも知れない。

かの天安門《てんあんもん》事件直後から中国は西側の経済制裁に直撃され、心理的な苦境、経済的な不況に陥ったことがある。

このとき中国は世界から孤立し深刻な状況だった。李鵬《りほう》首相（当時）は欧州へ旅行にでるとデモ隊から〝熱烈歓迎〟を受け、スペインなどでは学生デモに囲まれ、卵をぶつけられた。

香港の有力新聞「りんご日報」の黎智英《ジミー・ライ》社長は、「李鵬の頭は亀の卵」と比喩したところ、経営していた「ジョルダーノ」の二店舗が放火されるという事件も起きた。この事件直後に筆者は香港へ行って頼にインタビューしたことがある。かれは自らをジミー・ライと名乗り、ハイエクの信奉者で自由主義への原則重視の理論家だった。現在も中国批判の新聞は健在で民主化運動の先頭に立っている。

そして天安門事件による中国の経済的大挫折を日本とともに救ったのは台湾だった。

各国が投資を控えるなか、大胆果敢に中国へ投資を続行、拡大していたのは台湾企業だった

香港で北京政府を批判する『りんご日報』社長のジミー・ライ（黎智英）

のだ。

二〇〇三年一二月にも陳水扁《ちんすいへん》台湾総統が〝中国の台湾を照準にしたミサイル基地の在処〟を正確に公表したところ、直後に中国は〝台湾のスパイ四一人を逮捕〟などと発表し、台湾海峡に軍事的緊張が走った。

　ところがその同じ日に北京空港に降り立った台湾商工会議所御一行様は、赤絨毯《じゅうたん》を踏んでパトカーが先導するという大歓迎を受けていた。そのうえ国賓しか宿泊できない、中南海の釣魚台《ちょうぎょだい》ホテルに招かれた。宴会では温家《おんか》宝《ほう》首相が直々に出てきて熱烈歓迎という異様な招待を受けた。それもこれも台湾企業の熱狂的な大陸投資の現実があるからである。

　ただし直後から中国は、在北京の台湾商工会議所を工作し、八〇万駐在員のうちの二〇万人ほどは台湾総統選挙で「台湾に帰国して投票する」ように圧力をかけた（現在公式統計でも五万社の台湾企業が中国へ進出し、百万人の台湾人エンジニア、幹部が常駐している）。

勿論《もちろん》、台湾独立色の強い陳水扁を落選させるために国民党へ投票しろ、という政治圧力で、この政治工作は「進出した台湾企業が北京の人質と化した」明確な証拠となった。

上海《しゃんはい》に集中して投資したのは台湾のＩＴ、半導体、液晶製造メーカーである。台湾ＩＴ産業の雄、「ＵＭＣ（聯華電子）」は日本を除くアジア企業のなかで株式総額がおおい。この時点でＵＭＣより時価総額が大きかった企業は三つしかなく、ＨＳＢＣ、中国移動通信（香港）、サムソンである。

一九九九年に「ＵＭＣ」の曹興誠《そうこうせい》社長にインタビューしたことがある。

当時、新日鐵の子会社「日鉄セミコンダクター」を買収したばかりで、日本のマスコミでもかなりの有名人だった。曹は世界的なＩＴ戦略と語り始めると、なかなか止まらず、そのビジョンの規模の壮大さと熱気には驚かされた。ようするに特殊仕様の半導体を短時日で設計し、製造できるうえ、世界的需要はますます拡がっていくだろう、と自信満々だった。中国へ早くから進出していた。

台湾の松下幸之助＝王永慶

王永慶《おうえいけい》「台湾プラスチック集団」総帥は〝台湾の松下幸之助《まつしたこうのすけ》〟といわれた。

二〇〇八年に大往生を遂げた王永慶は丁稚《でっち》小僧から成り上がり、台湾最大の企業グループを形成した立志伝中の人物だ。「経営の神様」とも呼ばれた。台湾のメディアに名前と顔写真が載らない日はないほどで、彼の成功物語は嘗《かつ》て『ＴＩＭＥ』誌のカバー・ストーリーになった。

材木業で幾度か失敗を重ねたが、「次は木材に代わって石油化学製品が広く使われるはず」という本能的な予見のもとに大胆な投資を敢行した。王永慶は新しいプラスチック材料を作る会社を立ち上げ大企業に育て上げたのだ。

商売の機微は米屋の丁稚時代に身につけた。満足に小学校も出ていないというのに、誰もなしえないほどの大事業の主になるという典型的な成功譚《たん》の主人公である。

王永慶はロシア革命が勃発した一九一七年に台北《たいぺい》郊外新店《しんてん》県（現在の新北《しんぽく》市）で生まれた。レーニンらの赤色革命という暴力的蜂起の津波が中国大陸にも及び、瞬く間に広い中国国内を覆い尽くそうとしている頃のことだ。

王永慶の家はたいそう貧しい農家だった。読むことも書くことも学ばずに大人になった父の王長庚《ちょうこう》は、猫の額ほどの畑でとれる茶を売って生計を立てていた。台湾各地にある名門の長庚病院は王永慶の設営だが、〝長庚〟を病院名に冠した理由は説明するまでもないだろう。

その子、王永慶も小学校へはいる前から水汲み、薪拾いを手伝い、小学三年生で牛飼いをしながら家計を助けた。一五歳にして米屋の丁稚小僧の口を見つけて嘉義《かぎ》へ移った王永慶は、懸命な働きで一年後には早くも自分の店を出し、弟の王永成《えいせい》と王永在《えいざい》を呼び寄せ、手伝わせた。籾殻《もみがら》を少なくしたり、宅配を始めたり、日夜創意工夫を重ねて商いを拡大し、じきに精米所の経営に手を広げた。日本統治下の台湾で、精米所といえば日本人の経営が多かったが、王一族は米の品質管理を徹底し、顧客を開拓し、深夜営業までやってのけた。

しかし戦争が始まって米は配給、統制下にはいり、家族経営の米屋ではどんなに頑張っても先は見えていた。王は精米業に見切りをつけ、烏来《ウーライ》に土地を購入して煉瓦《れんが》工場を開業した。このとき王永慶は若干二六歳。戦争が激しさを増すほどに原材料の調達もままならなくなって煉瓦工場は頓挫した。そこで王永慶は材木の売買に手を染めた。台湾各地の山林を歩き、コネを付けて歩いた。折しも戦争が終わって特需景気がやってくる。王永慶に隆々たる商運が開ける。この時流に乗って、とどまるところを知らない勢いとなった。

一九五三年、大きなチャンスが巡ってきた。

復興が終わり、材木商売がピークを過ぎようとした。台湾政府は〝次の工業化〟をにらんだプラスチック事業の奨励策を打ち出した。

王永慶は即座に名乗りを上げた。

当時、日本のポリ塩化ビニール（ＰＶＣ）粉末は年間三千トンを生産するのみだった。王永慶はまず月産一〇〇トンのＰＶＣ生産工場を稼働させた。すでに台湾経済の復興は軌道に乗りつつあったから、小規模工場はかえって割高につくと踏んだ王永慶は次々と工場を拡大し、一九六〇年には月産一二〇〇トンの生産能力に達した。王永慶は工業化の波、新材料の需要を絶えず予測し続けた。

米国では広大な敷地を確保して、世界最大級のＰＶＣ工場と塩化ビニール（ＶＣＭ：塩化ビニールモノマー）工場を稼働させ、フッ化水素酸、塩化炭素、溶剤、無水フッ化水素など付加価値の高い化学製品を矢継ぎ早に生産し始めた。

米国ペンタゴンを真似た、五角形の砦のような王永慶の「台湾プラスチック」本社が、台北市内に威風堂々と聳《そび》えている。私は密かにこれを〝台北五稜郭《ごりょうかく》〟と名づけた。

王永慶に筆者が直接インタビューをしたのも四半世紀前のことである。このとき、王永慶は「米国へ工場進出するにあたって、広大な土地の一角を必要分だけ買うより全部まとめて購入したほうが割安になると言われて、ついつい言われるとおりに買ってしまったよ」といって悠然と笑った。彼は伝法《でんぽう》な日本語を駆使した。王永慶が言いたかったのは、つねに相対的なコスト削減が念頭にあること、合理的な決断が重要だということだ。

台湾財界トップだった故王永慶

「台湾プラスチック」の米国工場はテキサス州ヒューストンを手始めに、デラウェア州、ルイジアナ州と石油化学工場を増やし続けた。どの工場も世界最大規模である。

一九七四年、早くから半導体に目を付けていた王永慶はＩＣ基盤工場の建設に着手した。石油化学が副次的にアクリル、ポリエステル、レーヨンを産み出すことから、化学繊維産業にも進出した。新奇をてらえば事業は必ず失敗する。王永慶は「根本をもとめ、行動をもとめ、そののちに新しきをもとめよ」とする原則論を愛し、信念とした。その着実な信念が事業を成功に導いた。

私財を投じエンジニアを育成

プラスチック事業が予想を超えるスピード

で急拡大するにつれ、王永慶は従来の地縁血縁経営、華僑商法に手詰まりを感じるようになる。親戚だからあるいは同郷出身者だからといって、誰でも彼でも無能な人間まで社内に抱え込んでいるわけにいかなくなってきたのだ。経済成長を続ける台湾で慢性的な人手不足がおこり、少数の有能なエンジニアが、ライバルや国営事業で活躍するのを指をくわえて見ているのは辛い。

王永慶は、私財一億五千万元を投じて、エンジニアを育成する「明志工業専門学校」を創設した。

合理主義に徹するとともに、人のインセンティブを重視する。優秀な成績を上げた社員には〝特別ボーナス〟をポンと出す。さらに有能とみるといきなり幹部に抜擢し、大幅な権限を与える。それこそ〝東大卒も高卒〟も同じスタートラインに立って、雑巾がけから始めるのだ。王永慶のやり方を覚えるために新人たちは〝管理〟、〝営業〟、〝工場〟、〝倉庫〟などを順に体験し、高雄《たかお》、宜蘭《ぎらん》など四つ、五つの専門工場を見学する。研修はハードなトレーニングを積む合宿形式の〝地獄の訓練〟、しかも最終日に〝試験〟を設けて、そこを通過したもののみを〝正社員〟として迎える。日本のメーカーでここまで厳しくやっているところは少ないだろう。世界一のプラスチック製造業「台湾プラスチック」はこうしたやり方で驀進を続けた。この方式はいまや中国のハイテク産業に普遍的となった。王永慶らがビジネススタイルも中国に持ち込んだのだ。

中国への巨額すぎる投資が政治問題に

一九八八年から王永慶は一大プロジェクトにとりつかれた。

それは台湾政財界を大揺れに揺らす。福建省《ふっけん》に巨大な工場と発電所を建てる計画を推進し始めたのだ。しかも七〇億ドルという巨額なプロジェクトである。

王永慶が一九八九年に秘密裏に訪中し、鄧小平《とうしょうへい》に会ったという噂は台湾の政財界を揺るがした。北京は大歓迎、進出を予定する工業団地のインフラ整備を急ピッチで仕上げた。おりしも天安門事件の後遺症に悩まされていた北京は暗いイメージを払拭すべく王永慶の投資を熱烈に歓迎した。

一方で、台湾政府は極めて警戒心が強い。王永慶のあまりに巨額な投資に対して台湾政府は〝国益を考慮〟して待ったをかけた。これほどの大企業が大金を持って中国大陸に進出すれば、台湾の産業の空洞化を招くおそれがあるばかりか、進出した企業が中国の〝人質〟と化してカネも設備も巻き上げられるおそれがあると憂慮したのだ。

政治的に台湾と中国の対立は続くが、〝政経分離〟を押し立てて、陸続と台湾企業は大陸進出を続ける。

なかでも台湾対岸の福建省ばかりか、浙江《せっこう》省の梅山《ばいざん》島、四川《しせん》省成都《せいと》の生物科学工業団地、江《こう》蘇《そ》省など、四〇億ドルを投じて半導体工場を稼働させる王永慶の唯我独尊的な商行為は、台湾歴代政権の頭痛の種になった。

しかし中国の企業誘致に多くの台湾ビジネスマンは乗り気だった。あの辺境を開拓する〝西部開発プロジェクト〟にさえも、台湾企業は投資に前向きだった。

まだ中国で被害に遭ったことのない新規の台湾企業を中国は〝新台商〟と呼んでニコニコと笑いかけ、大陸に呼び込む。気がついたときには動きがとれなくなっているというのがお決まりのコースである。

工場を建て製造設備をいれてエンジニアを配置するだけで数億ドルの投資になる。撤退できない。そこまではにこにこ顔で接した地区の幹部も、いよいよ工場稼働となると、いきなり電力協力費などの新税をかけ、払わないと電力供給を止める。あるいは北京の言うとおりにしないと「スパイ容疑」で逮捕したり、ひどい場合はマフィアが駐在幹部を誘拐し、身代金をとったうえで台湾人経営者を殺害といった悲惨な事件も百件近く起きている。

そんな大陸で泣きを見る企業の例を挙げて「王永慶のやっている大陸重視路線は不見識だ」とする反対の論評が、台湾の新聞に大きく掲載されるようになった。

王永慶は中国に投資した発電所の工事を順調に進展させるために、個人でも一〇〇億台湾ドル（三五〇億円）を注ぎ込んだ。

この発電所への投資総額は三〇億ドルを超え、「台湾プラスチック」、「南亜《なんあ》」、「台湾化工」の三企業が六〇パーセント、「台湾プラスチック・アメリカ公司」が四〇パーセントを出資した。

あまりに途方もない投資金額に台湾当局は「戒急用忍（急ぐことなく我慢する）」と投資の自制を促し、「台湾プラスチック・グループ」の大陸への送金をストップさせた。しかしこの間は、「台湾プラスチック・アメリカ公司」が六〇パーセントの資金を立て替え、送金していた。王永慶の持論によると〝三通〟（貿易、通信、航行の自由化）こそが台湾の経済競争力を高めるという。

それを裏付けるかのように、王永慶は石油産業から化学分野へと事業の拡大に努め、廈門《アモイ》や寧波《ニンポー》などの埠頭建設に投資し、石油化学原料供給の主要港とする将来のビジョンを示した。こうして小学校もろくろく出ていない成功者が、日本的な精神を発揮して企業経営に刻苦勉励《こっくべんれい》した、その懐かしき時代も王の死去とともに終わりを告げた。その後、台湾にはいってきたのは米国式の効率的運営、多角化、グローバル化である。

台湾最大の運輸会社「エバーグリーン」の張栄発

張栄発《ちょうえいはつ》は台湾最大の運輸会社「エバーグリーン」グループの創始者である。

張栄発は一九二七年生まれ。台北商業学校卒業後、「大阪商船」、「新台海運」などで勤務した。その後、一九六八年に台湾を拠点とする海運会社「エバーグリーン・マリン（長栄海運）」を創設した。以来、新しい事業に最も意欲的で世界一周航路など、強気な事業拡大をし続けている。

関連の陸運業、重工業、建設業、航空事業などにも積極的に参入、「エバー航空」を設立して航空業界にも殴り込みをかけた。

現在、張栄発率いる「エバーグリーン」のグループ全体は二〇社、およそ一万二千人が働く。

張栄発が生まれたとき、台湾は日本の統治下にあった。宜蘭《ぎらん》県の小さな港町、蘇澳《すおう》（海鮮料理で有名）で育ち、小学校を卒業するとすぐに丁稚奉公にでた。まずは日本の海運会社の基隆支店に給仕として就職した。その後約一年間、船上勤務に就き、一七歳までに陸上・海上の両方の勤務を経験、この間に海運業の知識と実務を体得した。一九四四年に船員だった父親が遭難死すると、張栄発は母親と四人の弟妹の生計を担うことになった。

一九四六年から船上勤務、その仕事の合間を縫って三等、二等、一等航海士の資格を取得する。友人と海運会社を設立したこともあったが時期尚早、どれも実らなかった。共同経営時代を振り返って張栄発は言う。

共同経営の企業は、規模の大小にかかわらず、意見のくい違いが会社の経営と発展に影響する。経営を成功させるためには、初期には専門の経営者が一人で独裁の形で重要な戦略を決定し、力を尽くして押し進め、徹底的に実行しなくてはならない。

（『張榮發自伝』中央公論社）

一九六八年に張栄発は「長栄海運公司」の設立にこぎ着ける。バナナと木材を運ぶ一隻の中古船を日本の「昭和海運」に傭船《ようせん》として貸し出す仕事だった。これはすぐに軌道に乗り、追加で中古船を購入して、極東と中東を結んだ。遠洋定期航路業務の開始だ。

以後、「エバーグリーン」は日本と切っても切れない紐帯《ちゅうたい》で結ばれる。この時代、海運業界には談合が蔓延《はびこ》り、運賃は国際的なカルテルで決められており、送り主、荷主が海運会社の顔色を窺《うかが》っていた。そんな状況下で僅か一隻の船で遠洋定期航路を拓いたのだから大冒険である。かの「ヴァージン航空」ではレコード会社を経営していたリチャード・ブランソンがロンドン——ニューヨークとロンドン——東京路線に参入し、細かなサービスが功を奏して成功した。その原型を張栄発に見ることが出来る。

中国を大胆に批判

張栄発は〝自由競争〟を武器に運賃同盟の海運界に殴り込みをかけ、送り主、荷主に喜ばれて次々と世界の海に遠洋的航路を増設していった。八〇年代になると、七つの海を「エバーグリーン」の船が駆けめぐった。一九八四年には、コンテナ船による史上初の東回りと西回りの世界一周定期航路も開設した。サービスの質のみならず、世界貿易の確実な拡大に支えられて、急成長を遂げたのである。

当時、港の積み卸しは「あんこ」といわれた荷物運搬人の強固なギルドがあった。封建的な親分子分の関係でなりたつ慣習は近代的な荷揚げ作業の弊害となることが多かった。張は従来の貨物船（バラ積み船）はコンテナ船に代替されるだろうと予見、一九七三年に「長栄海運公司」を設立して、コンテナ輸送に進出した。コンテナは巨大な運搬を機械が行い、前近代的な港湾労働者にたよらなくともよくなるメリットがある。コンテナを陸揚げするとコンテナヤードから大型トラックに搭載し、顧客の倉庫まで陸送も行う。

こうして開けてきた運命を総合的に試すときが来た。空運への進出である。

一九八八年に張栄発は、「長栄航空（エバーエア）」の設立を申請した。台湾国内の政争に巻き込まれて営業許可が下りるまで、三年もの時間がかかったものの、九一年七月には第一便が大空に飛び立った。

かくて海、陸、空の全分野に参入、従業員一万余を擁する「エバーグリーン・グループ」という大企業に成長したのである。近年、「エバーグリーン・グループ」は航空路線のさらなる拡充を急いでおり、成田、羽田、関空のほか、新千歳、札幌、福岡などとの定期便を実現した。

この張栄発が一番乗りを果たしたのが台湾—中国の直行便だった。いまや毎日二〇便から三〇便が大陸各地と台湾の各地を結んでいるが、早い時期に空港便の飛躍を予測していたのだ。

マスコミに対して張は「中国人同士はメンツを重んじすぎる。このような意地の張り合いを止めればいい」と中華思想に根ざす事大主義的な国民性を大胆に批判した。

一九九〇年の湾岸戦争でイラクに取り残された邦人二百数十名。JALは救出のための飛行を拒否した。そこで名乗りを上げた航空会社がエバエアーだった。日本政府はこの台湾機をチャーターした。

張が言った。「お客様は神様ですから」。

辜一族の華麗なる財界活動

〝台湾の財界総理〟といえばひと頃、辜振甫《こしんぽ》を意味した。晩年、病気がちになると甥の辜濂《れん》

台湾の財界総理と言われた故辜振甫

松《しょう》が世界を自家用ジェット機で飛び回った。その二人も物故者となった。

辜振甫は二〇〇五年に逝去した。台湾における〝財界総理〟として世界の政治家からも一目置かれ、中国語圏では何冊もの伝記が出版され、広く読まれた。筆者もアジア・オープンフォーラムなどで何回か、お目にかかったが、恒《つね》にセンスの良い外見と身のこなしで少しも高齢を感じさせなかった。

洒脱な好々爺《こうこうや》然としている一面と、自身で〝京劇〟を演じるほどの中華的教養人でもある。ちなみに日本で活躍している著名エコノミストのリチャード・クーは辜《クー》一族。辜振甫の甥にして台湾独立運動の壮士、辜寛敏《こかんびん》の息子である。

辜振甫の率いたビジネス集団は「和信《ホーシン》電

話」、「和信メディア」、「中国信託高業銀行」、「中国人寿《じんじゅ》（生命保険）」、それに台湾のOA機器を扱う「台湾全録」、「中信証券」など傘下、関連企業を含めると一〇〇社以上にのぼる大コングロマリットを形成している。

辜は台湾財界の要職だけでなく、政府、国民党の中央常務委員も歴任。さらに中国との〝海峡交流基金会〟の会長として、一九九三年にシンガポールで「海峡両岸関係協会」の汪道涵《おうどうかん》会長と会談した。

辜振甫は日本語も英語も達者だった。旧台北帝大から日本へ留学（東大）。彼自身の実業家としての出発は一九五三年だった。「官営台湾セメント」が払い下げられ、株主となり、社長、会長として事業を拡大していった。一九六六年には「中華証券投資」を創設し、のち「中国信託グループ」に発展。信託、金融、サービスの系列企業は一六社にのぼる。

どうしてこれほど日の当たる場所を歩き続けることが可能だったのか。その秘密は歴史の中に埋もれている。

父親はヤクザの頭目からのしあがった

父親の辜顕栄《けんえい》は台湾の鹿港《ルーガン》の〝豪族〟出身だった。もともと辜顕栄は流れ者として台北の食肉市場でぶらぶらしていた。いつしかヤクザの頭目となる。『辜顕栄伝』によれば、辜顕栄は台中《たいちゅう》近くの鹿港から台北に出て流民《りゅうみん》となった。この時、台南《たいなん》の安平《あんぴん》、鹿港、台北の萬華《まんか》の三地域は大陸貿易で隆盛を極めていた。中部台湾の米を積んだ船が大陸との間を行き交い、盛んに交易が行われていた。

いま鹿港にある民族博物館は広大な敷地に三階建てのフランス風建物（最近、『地球の歩き方』にもカラーで紹介されている）は一〇〇年前の辜顕栄の居宅だった。いかに巨富を一代で築いたかを偲ばせるに十分な構えである。ちなみにこの博物館、歴史的な台湾の衣食住を展示し、土着宗教などに関する文献、写真、民具、書籍も展示しており、誰でも見学することができる。

当時、台湾では清軍の一部が軍閥になり下がり、夜盗化していた。基隆《キールン》港に上陸した日本軍が台北を目指すとの噂に、街の有力者に乞われて辜顕栄は日本軍の道案内役を買って出た。むろん命がけの役目である。ヤクザの頭目のような、荒くれ男と見込まれての役割だったろう。名前をよく読み返していただきたい。〝無辜《むこ》〟の〝無〟がない。官が勝手に顕栄に〝辜〟を充てて、それがそのまま姓になったという珍しいケースで、中国人にほとんどない姓だ。つまり彼は罪人だったのだ。

一八九五年、日本は下関条約で台湾を清朝から割譲された。台湾から凶暴な清朝軍を追い出すことに成功した日本軍から〝何が望みか〟と聞かれ、辜顕栄は堂々と胸を張って「砂糖と塩の専売権を」と所望《しょもう》したという。

これがのちの大飛躍の基礎となる。一八九六年、日本は辜顯栄を後押しして「英源茶行」というお茶の専売企業を買収させた。ついで台北保良局局長に任命され、翌九七年には「台湾専売公社」幹部に抜擢された。要するに塩、たばこ、茶の専売を一手に任せられたのだ。辜顯栄は一九三四年から日本の貴族院議員も務め、一九三七年に死去するまで商いを次々と広げた。

辜振甫はこの顕栄の庶子である。大成金となっていた辜顯栄には六、七人の〝側室〟がおり、その〝夫人たち〟との間に出来た子どもたちの間で跡目相続の争いも起きたが、頭脳明晰にして貴族的な雰囲気をもち、語学の才に長けた辜振甫に家督が任されたのである。

終戦後、蔣介石《しょうかいせき》軍の先陣が台湾へやってきた時に辜振甫は〝日本協力者〟の烙印を押され、投獄された。この間、台湾では国民党が青年知識人を弾圧した二・二八事件が起こっている。

刑期を終えた辜振甫は一時香港へ脱出したが、その後台北に戻った。おりしも台湾経済はようやく立ち直ろうとしていた。

日台間のフィクサー

戦後の台湾経済が復興を果たすうえで辜振甫は象徴的な中枢を担うことになる。

辜振甫は日本の政財界に広い交友関係を持ち、日台間のフィクサーとしても数々の実績をあげた。一九九三年三月には園遊会にも招待された。年に何回も投資団を率いて来日し、歓迎レセプションには現職閣僚や歴代通産事務次官、国会議員、財界人ら錚々《そうそう》たる顔ぶれが揃う。

辜振甫はいつも余裕綽々《しゃくしゃく》にみえる。周囲に醸す悠揚《ゆうよう》迫らぬ雰囲気には、人生をゆっくりと楽しむ達人の空気が漂っている。その秘訣の一つが特技の〝京劇〟にあるらしい。宴会で辜は決まって中国語でスピーチをし、おもむろに自分で日本語に訳すのだが、その一部始終がじつにサマになっており、〝京劇〟に劣らない名人芸である。

その後、グループは辜濂松（ジェフリー・クー）が率いた。かれは「台湾工商協進会」（日本の経団連に相当）理事長であり、台湾財界を背負う〝民間外交〟の顔でもあった。日台間の経済交流を推進する〝三三会〟の台湾側代表でもある。彼は辜振甫の甥、歳の差は一六。辜顕栄と張悦《ちょうえつ》夫人との間に生まれた辜岳甫《がくほ》の第三男で林瑞恵夫人との間に三男一女がある。

辜濂松は一九三三年、台北に生まれ、東呉《とうご》大学を卒業後に米国へ留学、ニューヨーク大学で経営学修士（ＭＢＡ）を取得した。

一族が経営する「和信集団」、「中国人寿」の董事長《とうじちょう》（日本でいう会長、米国のＣＥＯにあたる）を歴任、また「中国信託商業銀行」の董事長も務めた。肩書きは無数、公職も幅広く、太平洋経済協力会議（ＡＰＥＣ）の台湾代表団顧問でもある。日本との関係は深く、夫人ともども流暢《りゅうちょう》な日本語を操り、最近の日本問題にもよく通じており、辜振甫同様、並々ならぬ教養人である。

私も何回か辜濂松に会ったが、いつだったか〝これからの日台関係の難しさ〟について尋ねたとき、「台湾にも知日派が減って、第二世代は米国留学が主流となってきた。日本語がしゃべれないばかりか、日本の事情にも疎くなっている。日本企業とは人間関係を重視しつつ今後も経済関係を継続してゆきたいが、米国との緊密さに比べて後れていると言わざるを得ない」という憂慮を口にした。かれは二〇一二年に急逝した。

型破りでユニークな経営者・許文龍

今でこそ日本企業でも〝社外重役〟は常識化しているが、米国並みのことを二〇年以上も前に台湾で実行していた経営者がいた。

それがユニークな経営者、許文龍《きょぶんりゅう》だ。

許文龍の本丸は、プラスチック成形ビジネスから液晶パネルまで総合的に手がける台南の「奇美実業《チーメイ》」で、この敷地内には世界から収拾した美術品を網羅した奇美美術館があり、一般に無料開放されている。

ユニークさ、独自のカンによる直線的な行動、同じ言葉を喋る大陸の中国人とは便宜的には同胞だと時に発言したりする奇妙な連帯感。台湾財閥、企業家の商行為を目撃していると、とても我々日本人が理解できる世界ではない。

許文龍は一九二八年、台湾の台南市で生まれた。

三一歳の父親が失業したとき、許文龍の兄弟は一〇人もいた。家族を養うためしばらく町工場で働き、終戦とともに台南で日用雑貨や玩具の製造を始めた。玩具などの材料がプラスチックに変わろうとしている頃だ。この、時代の変化をいち早く読みとる確かな目は「台湾プラスチック集団」総帥の王永慶と共通である。

一九五九年、許文龍は「奇美実業」を設立、今では家電や自動車部品の原料であるＡＢＳ樹脂で世界最大となった。許文龍は名経営者として第四回〝日経アジア賞〟（一九九九年）に選ばれ、賞金の三〇〇〇万円を「アジアの環境保護に尽力した人や団体へ寄付して欲しい」と日本経済新聞社に委託した。彼は、海にヨットを浮かべて魚釣りに興ずるほか、読書やバイオリンやマンドリン演奏に多くの時間を費やす趣味人でもあり、世界から蒐集した骨董、絵画、彫刻、刀剣、動物の剥製などを会社内の博物館（奇美美術館）に所狭しと飾っている。

許は大変な知日家である。とくに後藤新平《ごとうしんぺい》への傾斜が顕著で、「日本時代の植民地経営が台湾のインフラを築いたのであり、日本の業績あってこそ、今日の台湾の繁栄がある」、というのが持論だ。「児玉（台湾）総督時代に民政長官に就任した後藤新平は日本でも一流の人材である。ドイツ留学の医学博士で近代的頭脳をもっていた」と許は記している。最初、後藤新平は「徹底的な台湾の調査に着手した」。このデータをもとに「開発計画を立て、日本政府と国債と三菱・三井などの財閥の台湾への投資の誘致と、台湾銀行を設置して資金を調達した」という（『台湾の歴史』許文龍著　限定版）。要するに主要産業を台湾で育成し、外国技術を導入して近代化に努力したのも、各地に水利を拓き、学校、農業試験所を設けたのも、製糖技術を格段に近代化させたのも後藤新平が中心となった、と評価するのである。

ある時、運良く台南の自宅に招かれた。名物の台南料理に舌鼓を打ったあと、家庭コンサートになった。

その夜、許文龍が弾いたのは「ふるさと」「埴生の宿」「仰げば尊し」など情緒あふれる日本の唱歌ばかり。しかしなんと心に染みたことか。日頃、日本人が忘れてしまった曲ばかりなのだった。こころのふるさとをバイオリンに奏でる許の表情がこの上もなく和み、次々と演奏される耳慣れた曲に歌を口ずさみつつ、時の経つのを忘れた。このときは黄昭堂《こうしょうどう》（台湾独立建国連盟主席。故人）が同席していた。

許文龍の心の原点は老荘《ろうそう》であって孔孟《こうもう》ではない。雑談中、「日本の植民地政策は決して殺伐としたものではなく、日本語を教えた先生たちは使命感にあふれていました」と言った。

――荘子がお好きと伺いましたが？　と私は別れ際に尋ねた。

「そう、ルソーのように激しくはないけれど、自然に還れ、ありのままの生活をという考えに惹かれるのです」

――経営哲学もそうですか？

「その通りです」と許はポツリと言った。

翌日、台北へ戻り「友愛グループ」の陳絢暉《ちんけんき》会長と昼飯をともにしたときその話をすると、「あの懐かしい歌に籠められた情緒を私たちは日本語を通じて、日本人と共有できた。あの時代と比べるといまの日本はなんと変わったことだろう」

深い嘆息がでてくるばかりなのである。

しかし中国から撤退の時期がきた

台湾企業が怒濤のように中国へ進出して工場をあちこちに建てた結果、台湾経済は空洞化した。

この空洞化は激しい不況を招き寄せ、最近は大陸への投資は行き過ぎだったと強い反省が生まれた。それを直感し、人に先んじて大陸との関わりから手を引いたのが許だった。

さらなる「空洞化」を懼《おそ》れる台湾では大陸投資を控え、ベトナムへ移転先を変更する動きがでた。また反対に次世代開発の研究センターを台湾へ戻す動きが顕著となった。とりわけＩＴ

開発の拠点を北京に握られたままでは次世代技術が遅れをとるとする懼れが強まったからだ。日米欧のメーカーも中国で作られる夥しい海賊版に頭を痛めており、台湾へ再び開発拠点を移動し直すという戦略的変更が進んでいる。

たとえば「HP（ヒューレット・パッカード）」はパソコン、PDA（携帯情報端末）の開発などの拠点を既に台湾へ移転済みだ。とくにノート型パソコンの設計部門は米国本社から台湾へ移動させた。

携帯電話大手の「エリクソン」も次世代携帯電話3Gの開発研究センターを、「インテル」は〝イノベーション・センター〟を、「デル」もノート型パソコン、PDAに加えて、サーバーの製品開発拠点を台湾へそれぞれ移転した。ノート型パソコンは台湾製が世界市場の六〇パーセント以上を寡占していたほどの興隆期だった。

ほかに「ソニー」、「IBM」、「マイクロソフト」が開発拠点の一部を台湾へ移転して大量の技術者を確保した。彼らは中国の「海亀派《かいき》」の先輩筋にあたり、六〇年代から米国へ留学し、台湾の自由化とともに帰国してベンチャー企業を立ち上げた、いわゆる〝シリコンバレー人脈〟を中心としている。

ともかく中国大陸へ短兵急に進出した台湾企業に中国共産党は様々な嫌がらせや、約束と異なる新税を課税し、さらには台湾独立をいう企業幹部を逮捕したりした。

　これでは「女王蜂に貢ぐ働き蜂が台湾企業でないのか」と呂秀蓮《ろしゅうれん》元副総統も激しく中国進出企業の政治センス欠如を批判した。台湾企業の中国大陸への投資、工場移転戦略は大きな転換期を迎えた。

第六章

台湾の中国化は危ない

――親日派の後退と中華思想――

台湾独立運動家たち

金美齢《きんびれい》女史が書いた『夫婦純愛』(小学館)はテレビドラマ化されても良いような波瀾万丈の夫婦愛の物語、その背景に描かれているのは日本における台湾独立運動の苦難の過去と現在である。

まだ日本にも共同体がいきいきとした時代、近所の助け合い精神が顕著だった。『バス通り裏』や『ALWAYS――三丁目の夕日』の時代。そう、「ふうてんの寅さん」が描いた懐かしい時代!

そうした環境にあった日本に、大きな希望と夢を抱いて多くの台湾青年が留学してきた。東京でも人情が通じた時代だった。日本人が日本人らしく生きていた時代だった。

台湾駐日大使となった許世楷《こうせいかい》もそのなかにいた。やがて許夫人となる盧千恵もいた。台湾独立運動の闘士、黄昭堂《こうしょうどう》も伊藤潔《いとうきよし》もいた。旺盛な評論活動を展開する黄文雄《こうぶんゆう》もいた。

金美齢は台湾で一度、結婚し、一児をもうけたが離婚し、日本に留学してきた。得意の語学を活かして当時の「中華民国」大使館によばれ、国際会議の通訳を幾度もこなした。東京では台湾留学生たちが集まってのサークル活動もあった。「台湾独立」を表向き主張できる雰囲気はなく、表層での和気藹々《わきあいあい》、裏では国民党の特務が留学生を見張っていた。

金美齢は通訳で大使館によく出入りしていたため留学生仲間から「特務」の一味ではないかと疑われていたという。在日の台湾独立運動の闘士らはペンネームで『台湾青年』に寄稿した。金美齢もやがて彼女の夫になる周英明《しゅうえいめい》も匿名で小説を連載していた。ある日、お互いにお互いの筆名を知ることになる。

許世楷は阿川弘之《あがわひろゆき》が住んでいた家の後に住むことになり、滞在ビザが切れたとき、延長を認めない日本政府（当時は台湾蔣介石《しょうかいせき》政権の顔色を窺っていたのだ）に圧力をかけたのは恩師我妻栄《わがつまさかえ》教授だったことは書いた。しかも我妻教授は時の総理大臣岸信介に頼んでビザは延長された。もしあのとき許世楷が台湾に送還されていたら間違いなく監獄行きだったと許大使自身がなにかに書いていた。阿川佐和子は子供時代に「許世楷伯父様」のことをしっかりと記憶しているという。

一九六〇年代という古き良き時代に日本に留学してきた金美齢の思い出を読みながら一九八三年に『中国之春』を創刊して在米留学生を糾合した王炳章《おうへいしょう》博士と会ったときの、かれらの苦労話を自然と私は思い出していた。王博士は一時期「現代の孫文」と言われた。

往時、NYばかりか全米、カナダ、日本ほか、多くの西側先進国は中国からの留学生を受け入れた。かれらは大使館からの指令を受けた特務（留学生）にそれとなく見張られていた。

「お互いの横の連絡をどうするのか？」と問うと、

「まず電話して、世間話をしながら徐々に」と王炳章博士は説明してくれた（拙著『中国の悲劇』参照）。

酒が泪に変わるまで

あの一面牧歌的でもあった時代が懐かしい。表だった活動はできないが、『中国之春』に匿名でカンパを寄せる留学生も多くいた。共産党高官の息子達も、「自由、民主、法治、人権」のスローガンに賛意を示した。筆者も日本で友人や理解者によびかけ、カンパを持参したこともあった。

中国大陸からの留学生はいまも留学生の仲間うちでは徹底してうち解けた政治論をしない。誰が特務か、どの留学生が大使館の犬か、判らないからだ。自由をもとめる中国語の新聞は何種類かあるが、日本には極めて少ない。

王炳章は果敢にも中国民主党の拡大のためベトナムから広西《こうせい》省チワン族自治区に潜入し囮《おとり》捜査で逮捕されてしまった。不当な裁判で無期懲役を食らい、いまも獄中にいる。米国では釈放運動が展開されているのに、日本ではない（ようやく二〇一四年六月四日に開催された「天安《てんあん》門《もん》事件二五周年　東京集会」の決議文で「早期釈放要求」が決議された）。

金美齢は留学生仲間の周英明と結婚を前提とした交際をはじめ、日本で挙式した。彼女の回想録の表紙には若き日の周英明・金美齢夫妻の結婚式のセピア色の写真が飾ってある。さりげない、飾りのない、スピーディな言葉の中に異郷での生活、その青春、その愛が情熱的に語られる。その二人三脚の波乱に富んだ人生が熱っぽく描かれる。もちろん金女史はよく存じ上げているが、飲んだ回数は圧倒的にご主人の周英明教授とだった。

ときに黄文雄や宗像《むなかた》隆幸《たかゆき》らを交えて、『台湾青年』を発行していた頃の苦労ばなしも、三十数年ぶりに台湾が自由化され、帰国できることになった喜びも、かれらとの酒が泪にかわるほどに飲んで語らった。

王炳章博士（1983年夏、NYで）

その周英明が急逝されたが、金美齢はますます血気盛ん、夫の魂を引き継いで台湾独立の最前線に立って言論活動を展開されている。だが、日本においてさえ若者らの政治的無関心と急速な保守化現象があるとはいえ一等根幹になるべき台湾独立の炬火は、あまりに巨大な中国を前に萎縮しがちなのである。

とくに最近、日本に留学してくる台湾人の若者たちに、台湾独立への志気や気概を感じないのは私だけではないだろう。

なぜか。かれらの大半が中国へ目を向けているからである。もうひとつの理由は台湾人留学生にとって日本での就職が難しいばかりか台湾へ帰っても就職が難しく、いきおい中国大陸に進出した台湾企業に頼ることになるからである。

なぜ台湾の知識人はキリスト教徒となるのか?

古い日記風のメモに私はこう書いていた。数年前の雨の日だった。

（某月某日）冷たい雨の日。午後から雨足が強まるが、荻窪の台湾教会へ。台湾独立連盟主席の黄昭堂さんの奥さん（謝蓮治夫人）が急逝され東京でも葬儀が行われた。時間前に教会に入ったが、すでに衛藤瀋吉、石原萠記、宗像隆幸、黄文雄、久保田信之、周英明・金美齢夫妻、藤井厳喜、鳥居民、謝雅梅、山田恵久、野間健ら各氏の顔がある。狭い教会なので遅れた人は場外の立ち見となった。

黄昭堂さんら台湾独立の闘士らは、国民党独裁時代の九二年までブラックリストに載っていて、台湾に帰国できず、ほとんど人は親の死に目にもあえなかった。

台湾独立のカリスマ彭明敏（右）と筆者

東京での下宿生活は黄昭堂の狭い四畳半に、同志があつまって政治議論に熱中し、（孫文の時代をおもいだすなぁ）、王育徳教授が日本における独立運動の生みの親。当時明治大学の宮崎茂樹教授らも「人権」「人道」という立場で台湾独立を支援した。

下宿での議論のそばで謝蓮治夫人はもくもくと料理をつくった。夫人は台湾大学文学系、黄昭堂さんは医学系でキャンパスが違う。ちなみに一級下の周英明は理工系だった。

周教授いわく。「ふたりはどうして知り合ったのだろう？」。こうした亡命生活が長く続いたため同志たちの繋がりは深い。まるで皆が親戚のようであり、兄弟のようでもあり、一時、日本に亡命した彭明敏

（前総統顧問）や米国へ留学する羅福全（前大使）、許世楷（現大使）らが交遊の輪にいた。宗像隆幸著『台湾独立運動私記』（文藝春秋）によれば、彭明敏が台湾脱出の際は体型のよく似た宗像の友人が日本のパスポートをもって入国し、身代わりを引き受けたという。

日本は当時、外交的には反共の国是から蔣介石政権支援だった。が、民間では同時に台湾独立運動も支援というアンビバレンツをかかえていた。九月中旬に台北で開催された本葬には陳水扁総統、呂秀蓮副総統、李登輝前総統らずらり台湾政界の重要人物が参列した、という報道を『自由時報』で読んだ。厳粛なセレモニーの最中、小生がひとつ不思議に思ったのは、なぜかくも根強く台湾の知識人達をキリスト教が虜にしたのか、という戦後社会学のテーマだった。

戦前、日本は神道と日本的武士道と日本的仏教を台湾に持ち込んだ。土地の宗教は道教がつよかった。

大陸から逃げ込んだ蔣介石と宋美齢はキリスト教徒だったが、小生これは欧米を味方とするために過剰にキリスト教徒を演じたと考えており、台湾独立派へ蔣介石的キリスト教が影響を与えたとは考えていない。台北郊外の蔣介石屋敷址にも南京の美齢宮（宋美齢の別荘）にも、これ見よがしのマリア像と礼拝室がある。

だからなぜ反蔣介石派の、台湾の知識人が戦後はキリスト教徒になったのか、新渡戸稲造が日本より台湾で人気がある秘訣もどうやらそのあたりにありそうで、三島由紀夫的な、あるいは「葉隠れ」的武士道ではなく、キリスト教徒新渡戸が解釈した武士道を李登輝さんが鼓吹している背景とも、この問題は深く絡み合ってくるのではないか。

羅《ら》福《ふく》全《ぜん》と生《いく》田《た》浩《こう》二《じ》

もう一つ、こんな拙文のメモを見つけた。きっと二〇〇四年のころであろうか。

（某月某日）台湾からの事実上の大使＝羅福全駐日代表が離任されるというのでお別れの会が開かれた。四年間、いろいろと苦労をされたが、この間に森喜朗前総理（当時）の訪台があった。また永田町には親台湾派がぐんと増えた。当日も塩川正十郎氏ら多くの政治家の出席がめだったが久しぶりに武見敬三、小池百合子の両氏と歓談。

羅大使と小生も何回となくいろいろな場所でお目にかかっているが、長身で恰幅がよく、しかも英語と日本語に淀みがない。早稲田留学から米国へわたり、ピッツバーグでは生田浩二のルームメートだった。羅大使の公邸に、いつぞや生田の書き残した掛け軸をみつけ、理由を尋ねたら「かれが事故死したときには葬儀もやりました」と言った。そばで聞いていたのは中嶋嶺雄氏らだ。

生田浩二なる人物は知る人ゾ知る、かの政治的熱狂怒濤時代の東大自治会委員長、全学連幹部。中嶋嶺雄、青木雨彦氏らの世代のシンボル的存在だった。羅大使も米国へ事実上の亡命生活時代だから、日本の挫折組と精神の交換があったのかも知れない。離日後、羅さんは台北にもどって「亜東関係協会」の新会長になられる。外交関係がないため、台湾の対日外交の実質的外務省にあたる。

さて会場で阿川弘之氏と長話になった。中国文学で、拝金主義の結果、ソルジェニツィンの過程をとばして「入れ墨、ピアス」のパンク文学が流行し、日本のポルノの亜流、書店で「日本文豪」のコーナーは渡辺淳一ですよ、などと最近の中国のはなしを展開していたら身を乗り出すように驚かれた。

羅大使と交替で赴任する許世楷氏もまた日本で三七年間の亡命生活、台湾独立憲法試案の起草者にして運動の闘士である。津田塾大学教授として国際法の教鞭をとられた方だが、「むかし、わたしが中野鷺宮にいたときの隣り組ですよ」と阿川氏。

数年前に台南の有名な屋台町を許さん、某大新聞の特派員氏と小生の三人で歩いていると「わぁー。せんせぃー」と駆け寄ってきた女子学生が三人。津田塾での教え子で台湾・成功大学に留学していた人達だった。近くの屋台へ入り直し麦酒を飲んだ。三月の総統選直前の建国連盟決起集会の宴でも圓山ホテルのロビィにおられたので、久闊を叙したばかりだった。その許世楷さんが、新任大使である。

このメモ（備忘録）を本書の参考のために読み返す裡に、そのまま再録することにした。

台湾企業と同じ手口に引っかかる日本の財界人たち

中国との合弁が走り出し、工場建設がおわって、雇用の手配もすみ、技術者の訓練もおえると、製造業は軌道にのる。ところがイザ生産開始となると突如、「新税」を課せられて往生する外国企業が多かった。

これは日本や台湾企業に限ったことではなく、しかも電気施設協力費、水道工事協力費、ガス供給工事協力費などと次から次へ胡散臭い名目を付けて地区共産党担当者が取り立てにやってくる。

手のひらを返す、態度豹変という熟語を地でいく現場は中国でしか目撃できないだろう。進出して欲しいと媚びるように泣きつくように言われ、現地へ行くと赤絨毯の歓迎、パトカー先導、契約書なんぞ後回しで、飲めや歌えの宴会ばかり。それで杜撰《ずさん》な計画の元で中国へ進出する。当初は「進出して三年間は無税」、「五年間は減免税」とかの特典をちらつかせていたのに逐一の書類提出と許可には法外な賄賂が必要である。工場が回転し始めると過去の薔薇色の約束は「忘れた」ことになる。都合の良い健忘症だ。

さらに工場が定着すると、中国共産党の指揮のもと、いきなり組合結成、山猫スト、賃金値上げ要求となる。

国有企業には組合がないのに外国企業には組合結成が義務付けられ、しかも企業内に共産党細胞をつくる。賃上げ交渉を有利に運ぶためで、背後で使嗾《しそう》しているのは地区の共産党である。だから私は書いた。『中国から日本企業は撤退せよ』（二〇〇六年、阪急コミュニケーションズ）と。

二〇〇五年三月に起きた台湾の〝許文龍《きょぶんりゅう》事件〟が進出企業人質型の「モデルケース」となった（許文龍に関しては前章を参照）。

この事件は台湾を代表する奇美《チーメイ》実業を中国は大陸へ工場を誘致させるために、最初は猫なで声、微笑外交による招待を継続し、大々的に工場を建てて、もはや引き下がれないと見計らうやいなや、工場長をいきなり逮捕した。同時に税関で原料、部品の輸入を差し止め、中国の事務所には税務検査が突然入ったりの嫌がらせをくりかえした。

許文龍は李登輝元総統の親友でもあり、台湾独立の影の支援者として諸外国にも知られた。そこで中国はこの台湾の大企業を人質化して「台湾独立を支持する経営者」へ露骨な政治圧力をかけた。

とうとう奇美実業の許文龍会長は「自己批判」を新聞広告に打たされるはめに陥った。それも〇五年三月一四日に中国は全人代で台湾独立を宣言した場合は武力行使に踏み切るという「反国家分裂法」を策定し、台湾の民衆が抗議のために百万人の集会をおこなうという、まさにその日の朝に有力新聞に意見広告というかたちで「台湾独立は台湾のためにならない」と表明させる底意地の悪さ！

李登輝元総統は言った。「台湾人なら誰も許さんの苦しい立場は理解できる」と。

同じ工作は日本の財界人にも行われており、トヨタの会長、日本ＩＢＭ社長、ゼロックス前会長、ユニクロ会長らが靖国参拝問題で北京《ぺきん》の拡声器役を果たした。

許文龍はそののち、大陸でのビジネスを鴻海《ホンハイ》精密工業（中国大陸での同社はフォックスコン「富士康」）に譲った。かの鴻海は大陸でスマホの部品を生産し、一二〇万人を雇用する大企業に発展し、一時はシャープ買収にも名乗りを上げた。

それほど大陸に食い入った鴻海精密工業でさえ二〇一四年七月四日、台湾で構築するモバイルネットワークに中国の通信機器メーカー大手「華為技術《ファーウェイ》」の機器を採用する計画を取りやめたと発表した。華為技術は米国と豪州でスパイ産業と名指しされ、政府系のあらゆる機関で採用しないよう通達されているいわくつきの企業。機器の中にトロイの木馬ウィルスが混入されている懸念が大きいからだ。

女を武器に利用

それでなくとも中国へ進出した台湾企業の経営者はひどい災難に遭遇してきた。台湾独立運動のひとたちは台湾企業に進出をしないよう働きかけてきた。八九年天安門《てんあんもん》事件で世界に孤立したおりに中国の窮地を救ったのは台湾だった。台湾企業は大胆に資金を投入し、おなじ言葉が通じるから同じ人間だと考えてあちこちに工場を建てたのだ。

このころ、東京のホテルのロビーでは次のような光景が見られた。台湾からのビジネスマンにロビーで話し掛ける一群の米国籍の華人。それも妙齢の婦人が多かった。はなしの中味を聞いていると「中国は良いところ、投資環境としても労賃が台湾の二〇分の一だから安い」と勧誘している。当時、法律的には台湾人は中国へ入れず、しかも台湾政府そのものが大陸への渡航を禁止していた。

そこに目を付けて「日本から北京へ入れば、台湾のパスポートにはスタンプをおさない措置がされる」と熱心に誘うのだ。現実に各地の入管事務所には「台湾同胞」という特別部屋が用意されており、アライバル・ビザ形式で簡単に入国できるシステムが完備し、口をあんぐりあげて鴨を待っていたのだ。

おだてに乗って台湾人が大挙して出ていく。土産話はたいがいが大陸に囲ったきた美人の話で、毎月のお手当が日本円換算で二万円くらい。内蒙古《うちもうこ》省出身で肌が白く長身の美人が多いという（いずれも当時の相場）。なにしろ安食堂やカラオケにあつまる中小企業のオッサンたちの話題はたいがいそんなことだった。ともかく台湾人も最新鋭の施設を大陸へ移転し、労賃の安さを活用する輸出志向型だった。もっとも台湾企業の場合は福建《ふっけん》省、広東《かんとん》省への投資が殆《ほとん》どで北京への進出は少ない。東北三省（旧満州）ならびに山東《さんとう》省への投資となると韓国企業が寡占した。

台湾企業の大陸進出が本格化すると同時にもうひとつ奇妙な現象が起きた。退役軍人の里帰りである。

「栄民」という中国語の意味は退役軍人。とくに蔣介石にくっついてきた老兵は齢七〇から八〇歳前後になっていた。爪の垢ほどの年金暮らし。台湾へ移動してそのまま半世紀を閲《けみ》し、望郷の念絶ちがたく、病院の薬を誤魔化して、それをお土産に大陸に帰る。すると待っていたのは結婚話だった。

とびつく老兵。あっと驚く間に大陸から一五万人の「花嫁」が台湾へ嫁いできた。おんなの平均年齢は四〇歳。もちろん軍人年金が目当てだった。

大陸の故郷へかえって結婚し、いまも暮らしている退役軍人が四六〇〇名にのぼり、他方では偽装結婚も増えた。売春同然の若い妻らも見つかっている。えげつないが、これぞまさしく中国大陸の文化だ。

天安門事件以後中国を助けたのは台湾と日本だった

天安門事件で世界に孤立していた中国を台湾に続いて救援したのは日本である。八九年六月四日、外国企業が一斉に逃げ出した天安門事件直後にも、けなげに操業をつづけていた松下電器産業（現パナソニック）の中国工場に「政治宣伝に好都合」とばかりに李鵬《りほう》が訪問して連日の大きなテレビニュースにした。学生らが「李鵬下台」（李鵬やめろ）と敵役だった人物が日本企業を宣伝の場につかったのだ。

中国への制裁をまっさきに有耶無耶《うやむや》にしたのも日本だった。

一九九一年、銭其琛《せんきしん》外務大臣（八八—九八年、その後〇三年までは副首相もかねた実力者）の深謀遠慮外交に引っかかって、当時の海部《かいふ》首相がふらふらと訪中し、つぎに日本へのロビー工作が実を結んで、あろうことか、天皇皇后両陛下が北京を行幸《ぎょうこう》された。

日本の保守派は一斉に天皇陛下御訪中に反対の論陣を張ったが、官邸は国民の抗議をせせら笑うかのように冷遇し、天皇皇后両陛下の御訪中は外務省の主導でおこなわれた。国益を多大に損壊した。

西側が制裁を継続していた期間中だから、欧米からは「裏切り」と映り、また抜け駆けともとられ、ビジネス優先のエコノミックアニマル、日本はカネのことしか関心がない、と批判された。

「あれほどうまくいった外交はなかった。天皇訪中を我々は外交カードにできた」（銭其琛元外相回想録の第六章を参照）。

とくに台湾企業幹部は中国共産党ばかりか中国の闇に蠢動《しゅんどう》する悪質兇悪なマフィアの執拗な嫌がらせ、みかじめ料の脅迫、誘拐の恐怖と闘わなければならなかった。

美女を囲っていることも嫉妬の対象になる。金持ちは世界どこででも狙われるが、中国ほど凶暴兇悪な犯罪が蔓延した国は珍しい。早朝ゴルフでは拳銃を突きつけられて大枚をおどされ、妾宅《しょうたく》をもてば女がマフィアとグル。一部の経営者はヤクザに誘拐され、人質となって身代金は奪われ、本人は殺されたケースが百件前後にも達した。

台湾観光客三十数人を乗せた観光船は千島湖を遊覧中に突如、海賊に襲われ、金品全てを強奪された上に船ごと焼かれ、全員が殺された。ここまでやられても台湾は大陸への投資を止めなかった。

加速する台湾の中国化と反日化

台湾情勢を眺めやると近年は軍事緊張がすっかり薄れ、金融と経済活動のみが突出している。現場を歩いても往時のパセティックな緊張感がない。悲壮感がないと心の油断が起きやすい。台湾企業の大陸への進出先は広東、福建に加え最近は上海《しゃんはい》を中心とする江蘇《こうそ》、浙江《せっこう》省に半導体の先端企業からＩＴハイテク企業まで次々と大工場を建てた。

「蘇州《そしゅう》夜曲」「無錫《むしゃく》旅情」など流行歌で有名な江蘇省の蘇州と無錫は台湾ハイテク企業の牙城になった。驚くべき事態の変化である。

台湾区電機電子工業同業公会組合の報告書で「台湾資本が推薦する投資最適都市は蘇州が五年連続の首位」というのだ。台湾の同工業会は毎年一回、中国大陸の都市の投資環境を評価しランキングを発表している。

ちなみにベスト10は①蘇州・昆山《こんざん》②蘇州市区③珠海《じゅかい》④中山《ちゅうざん》⑤揚州《ようしゅう》⑥杭州《こうしゅう》・粛山《しゅくざん》⑦寧波《ねいは》・奉《ほう》化《か》⑧蘇州・呉江《ごこう》⑨上海郊外⑩青島《チンタオ》の順。蘇州だけで台湾企業は実に三千五百社、投資金額はおよそ一七〇億ドル（02年の調査）。

傾向としては①製造業に対する投資が依然、増大している。②サービス貿易も多元化し、教育、旅行、銀行、商業、物流、会計事務などの領域にも台湾資本が浸透している。③農業も合資・合作がブームとなった。

しかし肝心要の台湾本島が空っぽ。日本よりひどい「産業の空洞化」が現出した。一体、この矛盾をどうするのかが台湾の政治課題となる。

台湾は確かに豊かになった。

その一方で「台湾人」というアイデンティティが日増しに喪われている。最も危険視するべき現象である。

この趨勢《すうせい》が続くと「あのアジア最大の親日国家・台湾が一夜明ければ韓国と並ぶ反日国家になる懼《おそ》れがある。そんな悪夢を見ることが多い」（黄文雄）。

そのことを象徴する事件が幾つかある。

北京で外交部の章啓月《しょうけいげつ》報道官は「日本政府が釣魚島《ちょうぎょ》など民有地を年間二二〇〇万円で〝島民〟から借り上げた報道をどう思うか？」との質問に答え、「釣魚島およびその付属の島は昔から中国の固有の領土だ。これらの島に対する日本側のいかなる一方的行動も無効だ」と傲然と答えた。天上天下唯我独尊の中華思想だが台湾で呼応する勢力がある。

尖閣諸島上陸を狙っている過激派の代表は台湾の金介寿《きんかいじゅ》（外省人で、新党から現在は国民党。新北市議員）。かれは香港にある過激派「保釣《ほちょう》行動委員会」のメンバーらと九六年一〇月にも尖閣に上陸した。その際、金は青天白日旗と五星紅旗を立てた。金グループは一九九八年にも上陸を企て、船で日本の領海内に侵入、海上保安庁の巡視船艇と接触した経緯がある。その後、尖閣はいくたびか香港《ホンコン》と台湾の反日活動家に狙われ、一一年には漁船が日本の海上保安庁警備艇に体当たり、そして一二年には野田政権のもと、尖閣諸島国有化がなされ、直後から中国全土に反日暴動の嵐、とうとう日本企業も撤退を加速化させた。

馬政権は二〇一四年七月七日、盧溝橋《ろこうきょう》事件七七周年式典に参加したおり、台北《たいぺい》にも北京と同様な抗日戦争記念館をつくろうとぶち挙げた。

もうひとつ気懸りなのは台湾の歴史教育の現場である。

台湾の学校では「台湾人は中国人」というアイデンティティ教育と共に「反日」をたたき込んでいるのだ。

日本よりも酷い台湾マスコミ

この憂慮すべき状況を打破し、「新しい歴史教科書」をつくろうと李登輝元総統が中心となって『認識台湾』が刊行されたのは九七年である。これは台湾中学生の「本国史」のテキストというより「郷土史」と言うべき内容だ。

「台湾人による台湾人のための台湾史」と銘打たれた、この新しい解釈の歴史教科書は台湾の視点で歴史を繙《ひもと》き、オランダ、スペイン時代から鄭成功の奪回、清《しん》朝の統治は「清領時代」という区分になり、日本時代についても功罪平等、きわめて客観的記述が目立つ。日本統治時代には疫病が減り、灌漑《かんがい》工事が行われ、弁髪《べんはつ》が禁止されたりの近代化が進み、民衆の啓蒙、政治の改革、労働者の待遇改善などがあった、と正確な記述がある。

また蔣介石独裁時代の二・二八事件、「台湾に於ける中華民国」という記述もあり、李登輝登場と台湾の民主化、大陸と話し合う「辜《こ》・汪《おう》会談」まで丁寧に紹介されている。

こういう真の姿、台湾を初めて自分の目で見て客観性に富む内容を誇る歴史の教育は蔣介石独裁時代には何一つなされなかった。

通史は中国大陸だけの歴史であり、そうした解釈に立てば終身立法委員などという化石のような制度が九〇年代初頭まで台湾政治制度に残存する口実にもなった。

李登輝元総統が言った「外来政権」は、台湾でも教育現場で、秦の始皇帝から清朝と連綿とつづく漢族の一貫性を一方的に謳《うた》い、強固な中華思想の歴史を戦後の台湾人にたたき込んだ。要するに洗脳手段としての歴史教育だったわけで、これを改革しなければ愛国も愛郷の精神も生まれてはこない。

だから『認識台湾』教科書がつくられたのだが、教育現場は外省人の押さえる牙城。この教科書を採用する学校は少数にとどまり、台湾の主要マスコミも外省系が圧倒的なために「統一」を謳う中国大陸と同じ論調が多い。台湾の新聞の偏向ぶりは日本のマスコミの偏向の比ではない。まして「中華思想」が歴史認識を歪め、ひどく蝕む。

こうなると新世代と民進党との歴史認識の乖離がすすみ、さらには政治より目先の享楽に走る傾向が顕著になる一方で、「地球市民」という曖昧な戦後的風景が昨今の台湾でも見られる。

また対中国脅威視の中味が激変し、対日観も日本語世代が大幅に後退したために密度が薄れてきた。結論から先に書けば台湾の未来はやや暗く、日台関係の先行きも不透明になった。

第七章

台湾独立は可能なのか？

台湾独立運動は後退したのか？

台湾正名《せいめい》運動は日本における台湾人の外国人登録証明書の「国籍表記」が「台湾」ではなく「中国」となっている事態から起きた。

二〇〇一年六月に日本で「外国人登録証」に「中国」と書かれると日本で悪いイメージに差別されることもあり、「台湾」という正しい表記に戻して欲しい、という署名運動、街頭示威を最初に提唱したのは「在日台湾同郷会」の林建良《りんけんりょう》会長だった。

正名運動は燎原《りょうげん》の火のごとく日本と台湾で拡大し、〇三年には李登輝元総統の呼びかけで一五万人大集会が行われた。

台湾人パスポートには「TAIWAN」と並記されるようになり、中正《ちゅうせい》国際空港の名称も台湾桃園《とうえん》国際空港に改称、続いて中華郵政は台湾郵政、中国造船が台湾国際造船、中国石油が台湾中油と改称される。

ところが二〇〇八年五月、馬英九総統の誕生直後から、殆《ほとん》どが昔の名前に戻った。

まず台湾総統府のホームページが「中華民国（台湾）総統府」から「台湾」が消され、「中華民国総統府」に。中華郵政が復活し、陳水扁《ちんすいへん》政権時代に廃止された「中華民国軍人読訓」が回復され、ついには「台湾民主紀念館」が「中正紀念堂」に戻された。

しかし東京都は二〇〇八年五月から台湾からの転入・台湾への転出の際、住民基本台帳（住民票）に「台湾」の表記を認める通達をだした。台湾の葉非比《ようひひ》外交部報道官は「対岸と明確な区別がつき、混乱が避けられ、東京都における僑民《きょうみん》の利益が保障される」と歓迎の表明を出した。

しかしながら日本のマスコミはこの問題への理解が希薄であり、つねに間違える。ＮＨＫは「中国高速鉄道」の報道映像に中国と台湾が同じオレンジ色の地図を用いた。

フジテレビ「ＦＮＮスーパーニュース」は名古屋名物の「台湾ラーメン」を報じたときに台湾国旗として中国の五星紅旗を映し出した。初歩的な知識のないディレクターが日本のテレビ業界には山のように存在するようだ。

学研トイズの地球儀「スマートグローブ」はなんと中国政府の指図に従って台湾を「台湾島」にしたうえ、音声案内で「中華人民共和国」としていた。多くの抗議により販売中止に追い込まれ、また教科書でも同様な誤記が目立つことが発覚した。岩波の『広辞苑』は間違いだらけの辞書だが、「日本は中華人民共和国を唯一の正統政府と認め、台湾がこれに帰属することを承認」と曲解による誤記が発見された。

中国崩壊が独立最大のチャンス

台湾独立論は奇矯《ききょう》な言論ではない。

可能性としては中国そのものが将来、大分裂をおこすときが最大のチャンスになるだろう。

かつてソ連帝国が頑強な軍事力の下に外見的な「団結」を誇っていた頃、外交評論家の那須《なす》聖《きよし》は『ソ連の崩壊』を予測してベストセラーとなった。同じ頃、フランスで本格的な社会学的研究によるソ連解体論、分裂予測がでた。エマニュエル・トッドというフランス人の人口学者の予測の基軸は軍事力の負担に耐えかねるという一般論ではなく、ソ連国内でロシア人の出生率が異様に低い反面でイスラム圏に人口爆発があり、いずれ民族間の軋轢《あつれき》が統一国家の維持を難しくするという、データ重視の予想だった。最近、このトッドは「中国共産党は脳幹が腐り始めた」と中国を批判している。

二〇〇八年には「アメリカが六つに分裂する」という衝撃的な文明論がロシア人学者からなされ、世界的評判を呼んだ。

欧米や台湾・香港、シンガポールなどではハンチントンの『文明の衝突』並みに持て囃《はや》された。しかし日本ではさっぱり評判を呼んでいない。日米同盟を重視するあまり、この論を黙殺するのだろうか。提唱者はパナリン（元ＫＧＢアナリスト）。現在ロシア外交学院院長というれっきとした学者である。そんじょそこらのセンセーション狙いとは違い本格的研究なのだ。

趣旨は大多数の新移民に大不況の失業が重なり、社会からモラルが消える。二〇一〇年六月から七月にかけて米国に大規模な内戦が勃発し、

(一)アラスカはロシアの影響下に戻り、

(二)カリフォルニアから西海岸、ユタ州からアリゾナ州を含めての地域は中国の影響を受けた「カリフォルニア独立国」となる。

(三)北東部(メーン州からNY、ワシントンを経てサウスカロライナ州の、昔のコモンウエルズ)は「大西洋アメリカ」になる。

(四)中西部からモンタナ、ワイオミング、コロラド州は「中北アメリカ」となってカナダの数州を包摂する。

(五)テキサス、ルイジアナ、フロリダなど南部アメリカは旧メキシコ領をふくめて独立する。

(六)ハワイは中国と日本の影響下に入る。

という壮大なシナリオである。

米国マスコミは「あまりにバカバカしい予言のたぐいで問題に値しない。こういう荒唐無稽のシナリオを大不況、株価低迷の米国に対してロシアがなすという、このタイミングでの意味はロシア国民の喝采受けを狙うもの」と冷ややかだった。

当のパナリンは「資料は米国情報担当部署やＦＡＰＳＩ（ロシア政府通信情報局）のデータを使った。この予言的中率は四五―五五パーセントの間だ」と冷静である。

また「連邦政府の予算配分が地域的に不平等であり不況対策、とりわけ地域振興の予算配分を巡る対立が生じ、アメリカ人の多くも『分裂が最適』と思うようになるだろう」という。

台湾の『自由時報』が大きく取り上げて、「一九七六年にソ連崩壊を予言したフランス人学者エマニュエル・トッドの説を当時、誰もが笑ったように、このロシア人学者、じつはクレムリン宮殿にも呼ばれて講演し、テレビにも出演する、ロシア有数のアメリカ通。笑って済ませるだけで良いのか」とコメントしている。

中国が分裂するというシナリオを本書で詳しく論ずる紙幅はないが（ご興味の向きは拙著『中国大分裂』（文春ネスコ刊）を参照）、歴史的に見ても歴史の空間の半分近くは中国は分裂していた。南北朝、三国志、群雄割拠、燕朝一六国等々。戦後もウィグル、チベット、南モンゴルなど不釣り合いな地域を無理矢理に地図に算入しているため、統合力がいったん失われ、放心力が加わると分裂は加速度的に、旧ソ連型のようになるだろう。そのときは自動的に台湾は独立を宣言するだけでよい。

中国が統一を言いだしたのは天安門事件以後

中国が台湾を「中国の一部」だといいだしたのは「大中華思想」の大風呂敷からである。台湾は歴史上、いちども中国に統治されたことはない。独立国として認められる要素のほうが多い。

その台湾で肝腎の政府が独立論を引っ込めており、米国は独立を支援しない旨を明らかにした。日本はそのあいだを行ったり来たり、まるで主体性がなかった。そもそも一九七二年から九二年まで外務省では課長以上の高級公務員は台湾へ渡航できなかった。

台湾は一八九五年の下関《しものせき》条約で日本に割譲された。このときでさえ清朝は「化外《けがい》の地」の台湾のことなぞ、どうなろうと気にもとめていなかった。

日本は台湾経営に努力し、本島ならびに離島にいたるまで拓殖し、教育を末端まで徹底し、いまも台湾の年輩者から感謝されている。

一九四九年に蔣介石《しょうかいせき》が台湾へ逃げ込んだが、毛沢東《もうたくとう》が深追いを避けたのは「窮鼠却って猫を噛む」という鉄則だったたか、それとも当時の人民解放軍の軍事力がひ弱であったからか。おそらく両方だろう。

爾来《じらい》、台湾と中国は金門《きんもん》と馬祖《ばそ》を挟んでにらみ合いを六五年間も続けている。

七〇年代後半まで台湾の国民党は「大陸反抗」を獅子吼《ししく》していた。北京《ぺきん》側も国内権力闘争に多忙を極め、台湾で本省人の李登輝《りとうき》が総統になるまで「祖国統一」とか「台湾回収」などとナショナリスティックな鼓吹をする場面は極めて少なかった。それどころではなかったのだ。

八九年の天安門《てんあんもん》事件以後、対外矛盾を鼓吹し、中国の台湾統一の呼号はヒステリックですらあるのも、国内で内部矛盾が過剰なくらいあふれ、国民の目を逸らすためだ。

さらに言えば中国人の特性は「大風呂敷をひろげあう」こと、それに熱中している時はあたかも加熱している鍋のなかであり、自らを省みずに鍋に入って「まあまあ」となだめる人は皆無となる。

あまりに中国がうるさいので、台湾はしばらく「独立」を言い出さないように努める。

事実上は「台湾共和国」として独立している。チャンとした主権国家が、現実にそこにあり、独自の外交、貿易を行っている。だから改めて独立を言い募って北京を刺激することはあるまいと台湾は現世御利益大事と「独立」への態度を曖昧にしてきた。

この賢さが裏目にでた。

対中・対日政策もまとまらない民進党

二〇〇〇年の総統選挙で民進党が勝利し、爾後《じご》八年間、台湾独立を主唱する人たちが台湾政治の中枢にあった。

ところが「独立」を原則とする民進党が政権を執《と》ったにもかかわらず対外的に独立を言えないという自己矛盾に陥った。

この民進党の内部は複雑である。成立の時から民進党は「台湾独立」の各派が糾合した寄り合い所帯だった。創立の時は林義雄《りんぎゆう》や彭明敏《ほうめいびん》らカリスマの存在があった。爾後、党内の派閥抗争が激しく、弁護士の陳水扁《ちんすいへん》は各派の妥協の産物として、とりあえずの飾りで総統候補となった。誰も二〇〇〇年に陳が勝つとは考えていなかった。それゆえ政権の座についても独立のトーンが薄い陳水扁前総統は党を制御できなかった。

このような基本体質に加え、嘗《かつ》ての「独立運動闘士」らが次々と死亡、引退、離党、落選となり、現在の党主流は米国帰りのリベラリズム信仰者、もっと言えば「南京虐殺」があったとマインドコントロールを受けた新世代に移行している。したがって日本との距離があり、心理的溝は開く一方である。

さらにもう一つの課題がある。

大陸政策を巡って「中国への過度な投資は危険であり、『トロイの木馬』ではなく、女王蜂に貢ぐ雄蜂になりかねない」と総統の曖昧路線を批判し続けた呂秀蓮《ろしゅうれん》副総統との確執は「和解」に至るどころか、ますます論争を熾烈化させ、事態を深刻化させた。ことほど左様にあらゆる議論において党内がまとまっていないのである。

正副総統が対立するのは、政権与党にとって好ましいことではない。

近代政治史を眺めても「副大統領」の地位は考えられないほど大きくなってきた。「副」は近代までの日本語で言えば「権《ごん》」。「権中納言」「権妻」（妾）などで用いられる。

ハリー・トルーマンはルーズベルト大統領の急死により、ヤルタの密約も、原爆開発プロジェクトの存在も知らずに大統領となった。彼の無能が日本にとっては北方領土を奪われ、ヨーロッパ大陸では東ヨーロッパが軒並み共産化される事態を産んだ。戦後の混乱の元凶ともいわれる。

アイゼンハワーは、この悪例を回避するためにニクソン副大統領を国家安全保障会議に加えた。

ケネディはリンドン・ジョンソン副大統領に大幅な権限を与え、カーター政権の時ともなるとモンデール副大統領は大統領主催のほとんどの会議に出席できるようになっていた。単に儀式的な上院議長の役割だけではなくなった。

レーガン政権時代になると、ブッシュ（パパ）副大統領がレーガンに替わってよく外国訪問をこなした。ブッシュが大統領を継いだとき、インディアナ州選出の上院議員だった保守派のクエールが副大統領に選ばれ、大統領入院中に起きた紛争の処理に辣腕を発揮した。ゴアはカーター時代に習慣化した副大統領の権限より、更に多くの権力を握り、ブッシュ二世政権ともなるとチェイニィ副大統領が、少なくとも外交政策決定では大統領をリードした。

台湾は憲法上、このような立場を副総統に与えていない。

中国バブル崩壊に台湾企業は飲み込まれる

李登輝元総統は引退後、新政策集団「群策会」の発足を促し、触発されて陳水扁総統も「台湾シンクタンク」を発足させた。

「これは民間と政府を強い絆で結ぶ広場のような討議の場であり、また学会と政界をつなぐ対話フォーラムでもある」と説明し、陳水扁総統は「米国のランド研究所やブルッキングス、あるいはヘリティジ財団や日本のＰＨＰ研究所などのシンクタンクを目指す」と胸を張って記者会見した。

もともと大陸政策を巡って陳水扁総統が自らの戦略を放棄し大陸政策をきわめて曖昧模糊としてしまったため身内の批判に晒《さら》されてきた。このままでは中国に譲歩に次ぐ譲歩を重ねてしまうという危機感が李登輝世代を突き動かしたのである。

二〇〇〇年の陳水扁政権の誕生は、国民党に対しての怨念と鬱積《うっせき》した不満が噴火した結果、独立運動側からの総統誕生ではあった。にもかかわらずその後の政局運営のまずさ、大陸投資へののめり込み、軍事情勢の小康状態などで台湾の本土派は方向感覚を失ってしまった。

自由選挙によって世界から祝福され平和的に政権交代を実現した台湾は、つい先日まで欧米からも賞賛されてきた。ところが不況、大陸進出による空洞化が加わり「アジアの昇竜」はすっかり自信をなくした。あの「大陸なにするものぞ」「共産党が侵略してきたら銃をとって戦う」といっていた台湾人たちの凄まじいエネルギーはどこへ消えたのか？

この精神とモラルの退廃に留意すべきである。経済繁栄に酔うと大局を見失いがちになるのは世界共通である。

あれほど共産主義を嫌ってきたのに台湾は経済の物理的法則には勝てず、ある時期から一斉に中国大陸へ進出して工場を建てた。このあたりから台湾人の世界認識は変貌した。

民進党は台湾独立綱領をもちながらも李登輝「二国論」を退け、独立路線を不鮮明として、中国投資拡大路線に転換した。

陳水扁総統は思いつきで突如「統合論」を発表し、「中国とは、文化経済の統合をはかり、最終的には政治統合に至る」と中国傾斜の姿勢をみせたため、旧来の支持者は強い失望を味わい、李登輝の台湾団結連盟の結成に期待を託した。

台湾の経済成長がぴたりと止まったのは中国大陸への投資のやりすぎ、そのために自分の首を自分で絞める結果となった国内空洞化による。台湾の失業率は意外なことに日本並みか、それ以上に高い。ハローワークには人が溢れていても求人が少ない。優秀なエンジニアは殆どが中国大陸へ行ってしまった。

高度成長が続く間は、日本でもそうであったように「不良債権」が問題化することはない。経済が下降局面に入り、株価が大きく下がったときに保有資産の目減りが起こり、不良債権が突如、表面化する。

「戒急用忍《かいきゅうようにん》」とは台湾企業が慌てて大陸へ進出するを戒め、慎重にことにあたるべし、という意味が含まれる。だが陳水扁政権は「積極開放、有効管理」方針に切り替え、多くの大陸投資規制を緩和したのである。

すべては裏目にでた。

中国のシャドーバンキングは五〇〇兆円規模の潜在的不良債権をかかえており、借金のトータルがGDPの二二〇パーセントに及んでいることが分かったのだ（二〇一四年七月現在）。

二〇〇六年、英国の会計監査法人アーンスト&ヤングは中国当局に依頼されて、決算報告書などを精査し、「正直」に数字を報告したところ、報告書は隠され、同社は中国から追い出された。これは「事件」である。

アーンスト&ヤングは中国銀行システム全体の不良債権は西側の計算方式で見積もれば、二〇〇六年時点で九一一〇億ドル（九三兆円弱）になると推計したのだ。八年前のことである。筆者はそのことを何回か拙著などでも報告したが、日本のマスコミは殆ど無視した。中国にとって「不都合な数字」の公開は「まずい事態」で、なぜなら多くの中国国有企業は決算報告をごまかして、株式を上場する直前だったからだ。

目論見書を提出しバラ色の事業計画を投資家に配布し、巧妙に増資を続けたのが中国の国有企業だった。しかも、その目論見書の計画は殆ど実行されず、あつめたカネは「蒸発」した。西側の多くのエコノミストが警告するように中国の金融システムは崩壊前夜である。

二〇〇七年以来、中国のシャドーバンキングが供給した資金はおよそ四兆八〇〇〇億ドル（五〇〇兆円弱）と推計される（『フィナンシャルタイムズ』『アジアタイムズ』などの報道）。この数字は中国のＧＤＰの八七パーセントに相当する。二〇〇二年から二〇〇七年の五年間でも中国の資金供与増加率は、米国のそれの二倍。

地方政府の「融資平台」が一万社あり、この機関が銀行から借りまくった資金はＧＤＰの三一パーセントに達した。かくて中国の金融システムが抱える借金はＧＤＰの二二〇パーセントに及んだ。

このため中国のバブル崩壊は時間の問題であり、あわてる台湾企業は一斉に逃げの態勢となる。

だが中国経済に大きく依存してしまった台湾企業は、逃げようにも、もう間に合わないのではないか。

台湾に冷酷なアメリカ

アフガニスタン戦争以後、米国は中国への姿勢を静かにシフトさせた。

ワシントンの国防総省高官が、匿名を条件に台湾人ジャーナリストに語った（『台北《たいぺい》タイムズ』〇二年一月四日）。「米国は台湾総統府と、もっと密接な関係を築きたいし、台湾軍がもっとシビリアンコントロールに徹することを望む」。

台湾の軍事戦略は、今なお外省人が強い影響力を持つ軍が主導し、総統府（台湾のホワイトハウス）直属の「国家安全保障会議」は率直に言ってペーパー組織、とても米国の大統領国家安全保障担当補佐官の役を担っているとは言えない。

台湾へは米国が「台湾関係法」に基づき最新鋭の武器を供与し続けているが、F16は航続距離の短い台湾バージョン、台湾が熱望したイージス艦と最新鋭レーダーは北京の反対で見送られた。パトリオット・ミサイルにしても新型（パック3）の供与は長らくペンディング状態にされた。

二〇〇二年一月、リチャード・ダマト専門委員を団長に一二名からなる米国の「特別使節団」が台北入りした。この使節団は米国が議決した「国家国防権限法二〇〇二」に基づき、台湾情勢を研究、調査、評価し、下院議会に報告書を提出する義務を負う。これが米国の次の武器供与を選定する基礎材料となる。

目的はそれだけとは考えられない。「米中間には四番目のコミュニケが必要だ」と言い出したのは元国連大使リチャード・ホルブルックだった。

米国は一九七二年、七八年、そして八二年の三回、共同コミュニケを発表し、また七九年には「台湾関係法」を制定した。七二年コミュニケはニクソン訪中時になされたもので「一つの中国」の原則を認識し台湾からの米軍撤退を謳《うた》った。

七八年は国交回復を宣言し、七九年に米中は外交関係を回復した。八二年はそれを追認する形で「米国は徐々に台湾への武器売却を減らす」とした。

それから三〇年以上の歳月を閲《けみ》し、状況は一変した。台湾は民主化され、冷戦が終了し、天安門事件があり、香港が返還され、そして中国と台湾がともにＷＴＯに加盟した。両岸（台湾と中国）は事実上のＦＴＡを結んだ。

チベット弾圧、人権問題、宗教の自由、法輪功《ほうりんこう》問題などでは、米国と中国の対立はますます先鋭化している。「となれば新状況に対応できる米中間の四番目のコミュニケが必要であり、それは必然的に『台湾関係法』の見直しに行き着くだろう」（ワシントン国防省筋）。

しかし情勢は再度逆転し、米国は台湾に冷淡になった。

親台派とみられたブッシュ前政権でさえも「米国は台湾の独立を支持しない」と繰り返し繰り返し明言してきた。二〇〇八年の総統選挙の直前にも米国は「住民投票などするな」と激しく台湾の内政に介入し、親米的だった多くの台湾人を失望させた。

パウエル米国務長官は〇四年二月一二日の米下院国際関係委員会公聴会で証言に立ち、「台湾が住民投票を行なう必要性があると思わない」と発言した。これは前月に北京を訪問したアーミティジ国務副長官の発言と同じ趣旨である。パウエルはその後も台湾に冷たく、「台湾は主権国家ではない」と暴言を吐いた。

台湾「憲法問題」で分裂

二〇〇四年一二月一一日に行われた台湾総選挙は予想を覆す結果となった。国民党が大勝し、亡霊といわれた「中華民国」が甦《よみがえ》ったからである。

陳水扁総統率いる多数派「民進党」と前総統李登輝率いる「台湾団結連盟」の与党連合（「汎緑《はんりょく》連合」という）が意外に振るわず、野党連合（国民党と親民党と新党の野合で「汎藍《はんらん》連合」という）が過半数を制したからだ。

これで台湾共和国の理想は足踏みとなった。

台湾における独立運動の戦術の一環としての正名運動は陳水扁総統が「与党連合が過半数を獲得した場合、『中華民国』でなく『台湾』名義で国連復帰を目指す」とする発言が象徴する。それが、野党ばかりか「保護者」＝米国の反発を招いたのだ。

そこで総選挙の後半になると陳総統は「台湾は中華民国、中華民国は台湾」などと訳の分からないことを言いだし、さすが民進党支持者からも批判が起きた。

米国が重ねて不快感を示したことに対し、台湾民衆は「陳水扁総統は米国をおこらせた。外交的欠陥がある」と誤解してしまったことが大きい。

李登輝元総統は「現在の台湾の国会は親中、反民主、反制憲、反正名で、台湾の主流民意から乖離《かいり》した」と選挙最中にオクターブを上げたため、同じ選挙区内で伯仲《はくちゅう》する民進党候補を助けようと、陳水扁総統は「台北」や「中華台北」名称の外国公館までも「台湾」に正名する方針を発表した。

国民党、親民党、新党の三派「汎藍連合」は「団結、護国、救台湾」のデモ行進を行い、連《れん》戦《せん》国民党主席は「(中華民国を台湾に）名を変えただけで運命が変わると思っているとは笑わせる」と批判した。

陳水扁政権は国内的に窮地に立たされた。
総選挙で議席伸び悩みの責任をとって民進党主席を退いた陳水扁総統は、二〇〇五年二月二四日に対中協調派の第二野党、親民党の宋楚瑜《そうそゆ》主席（党首）と一〇項目で合意した。宋楚瑜主席との合意事項はほかにも六一〇八億台湾元（約二兆円）の武器システム導入予算および本省人と外省人の和解問題など。
民進党と親民党の合意宣言は次の通り。

我々は大陸と台湾が一つの中国に属することを一貫して主張する。両岸はまだ統一されていないが、大陸部と台湾が一つの中国に属するという事実に変化はない。両岸関係の平和と安定の保護と両岸統一の段階的な推進は両岸関係を処理する上で基本的な目標と努力の方向である。我々は自信、誠意、忍耐心を持ち、交流の強化、協力の推進、台湾の同胞との意思疎通と相互理解の増進を通して、両岸関係発展の未来のために努力する。

陳政権を強力に支援し「汎緑連合」（与党連合）を形成してきた台湾団結連盟（台連）は猛反発を示し、とくに「中国と台湾は特殊な国と国の関係」と二国論を展開してきた李登輝元総統は「国民をないがしろにした」として陳水扁総統を厳しく批判し失望が広がっていった。

台連は憲法問題で民進党との政策協力拒否を打ち出したため、与党間の足並みが大きく乱れる。

また台湾独立運動の長老格で、総統府資政（最高顧問）だった辜寛敏《こかんびん》も辞意を表明した。黄昭堂《こうしょうどう》、金美齢《きんびれい》の両氏も辞任した。陳総統は米国からの圧力を前に「新憲法」路線を大幅に後退させ、親民党との合意では、「在任中は中華民国憲法を順守し、国号変更や独立宣言をしない」としたことが大きい。

もともと台湾団結連盟の「憲法改正」は新憲法を意味し、虚妄でしかない「中華民国」を名実ともに葬り去ろうとする。

このため正名運動を根気よく展開し、組織、団体、企業名から「中国」をはずして「台湾」と改名したところが多かったのである。

陳水扁総統が唱える「改憲」は、中華民国憲法の修正でしかなく「中華民国は台湾、台湾は中華民国である」と曖昧な表現に終始して米国の圧力をかわしてきた経緯がある。

またイラク問題で泥沼にはいり、中国の協力を必要とするブッシュ政権は「台湾海峡でいかなる企てであれ、現状維持から逸脱することには反対」と何回も声明してきた。だから住民投票に米国は反対したのだ。

その替わり北京に対してもワシントンは「現状維持」を強く要請し、「反国家分裂法」の制定に圧力をかけつづけた。同月末には北京ロビーと言われたクリントン元大統領が台北入りし、陳水扁総統の歓迎晩餐会にも出席した。李登輝元総統は国家の根幹を定める基本姿勢でふらつく陳総統を比喩して「新憲法を求めて、鬼を捕まえに行って鬼に捕まった」と批判した。

新世代の政治家は何を考えているのか

日台断交、蔣介石死去、ミサイル危機、民進党政権の誕生時などでは台湾から逃げ出す人々がいた。

ところが昨今は欧米へ財産をもって逃げ出す台湾人は皆無に近い。政治は不安定とはいえ、嘗《かつ》ての軍事独裁による表面的安定という偽りの環境は払拭されている。むしろ中国共産党の高官らがカネをもって海外へ逃げ出している。末期的症状は中国共産党のほうに移行した。

そこで新世代の意見を聴いて回った。

蕭美琴《しょうびきん》女史はジュリア・ロバーツ似の美貌の才媛で台湾立法委員（国会議員）二期目のときに単独インタビューに出かけた。彼女は民進党外交ブレーン。日本生まれ、米国人の母親だったため米国籍だったが、それを捨てて台湾へ帰国し、政治活動を始めた。

「台湾は移民社会。それは人種的意味も含めて欧米文化が流入し、日本文化が嘗ては輸入されていて、これらが中国的伝統文化に被さって多層な文化伝統をもつ社会を形成した」

李登輝前総統が発言したなかに「新時代台湾人」という新タームがある。民主化とともに台湾の国際舞台への挑戦などを通じて、議会と政権のねじれ現象という「民主化の内戦時代」となった台湾。

その諸矛盾を克服する「新時代台湾人」というアイデンティティの形成が急務という議論を意識しての同女史の発言である。

台湾大学正門前で反国家分裂法反対を叫んで座り込んでいた学生たちの掲げていた旗に「台湾民族主義」が大書されていた。筆者が学生たちに訊くとそういう質問自体が意外という顔つきをした。

これを黄昭堂（台湾建国独立連盟主席）に問うたところ「台湾に住む人々が台湾民族を形成しており、国民党さえ民意の動向に敏感になっている」との説明があった。台湾民族主義は、したがって文化人類学的解釈ではなく、台湾人意識と捉えていいだろう。

再び蕭美琴女史の発言。

「台湾の戦略的要衝としての価値は文化的経済的なものに加え、兵站マネージメントが必要です。つまり後方支援の下部構造を構築し、これら新社会的要素を台湾に整合させてゆく必要がある。大陸との交渉で、大陸側は面子を重んじ、台湾側は原理原則重視。（状況は古い概念で固定している）だから新しいプログラムが必要であり、それには新しい言語でのアジェンダ構築が必要と思います」（要するに両岸関係の次の交渉には過去の「江沢民八原則」、陳水扁の「四つのNO」のパラダイムを超える新しい概念が必要だと強調している）。

蔡英文《さいえいぶん》（当時、国会議員。現在、民進党主席。次期総統候補）に会った。

彼女は李登輝時代（九九年七月）に「台湾と中国は特殊な国と国との関係」（所謂《いわゆる》「二国論」）と発言し、世界的センセーションを呼ぶことになった李発言の起草者といわれる。陳水扁第一期政権で大陸委員会主任（閣僚級）を務めた。陳水扁の「一辺一国」論の起草者とも言われ、事実上の大陸政策の中心にいた。政策立案の枢要な箇所にあって活躍した学者出身の才媛である。

筆者は「反国家分裂法は最初予想された内容より表現内容に過激さがないことが目立つように思えるが」と水を向けた。

「そうですね。あのドラフトは予想より柔らか。でも事前発表から三ヵ月、北京は外国の反応を見ていた。諸外国の反応ぶりを計測しながら共産党の内部権力の基盤固めをしてきたのよ」

蔡英文が続けた。

「過去一〇年の台湾の民主化により台湾の将来は台湾人が決めるという選択肢を（反国家分裂法が）むしろ拡大した。確かに中国も（経済的には）強大になったが、台湾人のアイデンティテイがそれよりも急速に強固になった」

——あなたは大陸との交渉の当事者であり大陸政策立案の中心にいた。これから両岸関係はどうなると思いますか？

「それほど悲観的でもありませんし、我々は水面下で交渉を続けているのですよ。もちろん表舞台のＡＰＥＣという場もあれば、米国経由での接触もあります。反国家分裂法をこの時期に成立させたという（日米を敵に回しての）胡錦濤《こきんとう》の動機は権力闘争の過程で派閥バランス上、必要だったことが大きい。とくに引退した江沢民の上海閥《しゃんはい》と胡の出身母胎である共青団とのバランスです」

筆者は前日に会った〝台湾独立運動の兄〟ともいわれる辜寛敏の言葉を急に思い出した。

「中国との戦争は考えられない。もし起これば歓迎ですよ。アセアンに近寄った中国はそれまでのゲリラ支援を捨てた。この政策転換によりアジアとの交流は拡大した。そのアジア諸国が再び不審を募らせる反国家分裂法を全人代が可決したことは中国の危機意識のあらわれなのです」

と辜が静かな口調で大胆な論理を展開したのだった。

だが多くの台湾独立志向の人々は辜の「戦争がない」という予測には反対している。

「反国家分裂法は日本への警告でもあり、もし台湾が共産化すれば中国の基地化、中国の不沈

空母に台湾がなる。これは地政学的に言っても日米の戦略に立ちはだかる最大の脅威でしょう」（黄昭堂）

というように、日本への軍事的な期待も敏感に出てきている。

読売新聞に小さな記事がでた（二〇〇九年三月一六日）。

台湾の野党、民進党の蔡英文主席は都内で講演し、馬英九政権の経済政策について「台湾の主権を犠牲にする恐れが大きい」と述べ、中国寄りの政権を批判した。蔡氏は民進党初の女性党首。

その蔡英文民進党主席の話をここでも聞いた。彼女は「政治家」を感じさせない清廉の人。おかっぱ、痩身で庶民的。どこに秘めた闘志があるのだろう？

蔡英文は小学生時代に父親が日本語の達人だったので日本留学をさせたがり、家庭教師は日本語。だから蔡女史は日本語もかなり喋る。

このときの来日は民進党議員団六名に秘書、スタッフ数名を引き連れ、しかも元駐日代表の羅福全《らふくぜん》、前代表の許世楷両大使も同席するという異例の陣容だった。会場には台湾から随行の記者団、テレビカメラ数台。黄文雄、金美齢、田久保忠衛らの顔も。

蔡英文女史がなぜ野党党首になったのか。ちょっと歴史を振り返る必要がある。

二〇〇八年三月、陳水扁総統の不人気と党内挙党態勢の出遅れにより、総統選挙で与党・民進党は国民党に惨敗、候補者だったベテラン政治家謝長廷《しゃちょうてい》は責任をとって党主席を辞任した。直後から党内セクト争いが激化し、主席選挙には党内調和派のシンボルとして蔡英文に白羽の矢をたてた。対抗馬は「台独大老」（独立派の顧問格長老）の辜寛敏だった。

主席選挙の結果、選ばれたわけだからシコリを残さないためにも辜寛敏は「あなたを孤独にはさせない」とエールを送った。「民進党にとって、団結がもっとも重要なことだから」と。

独立支持が上昇

東京での蔡女史の講演は最初、台湾語で始まったが、すぐに北京語に切り替わった。

以下は講演要旨である。

「台湾は民主主義国家であり、主権を有する。台湾の未来は台湾国民二三〇〇万人が決める。過去八年間の民進党政治の成果は〝台湾人意識〟が成長したことだった。一九九九年、李総統の『国と国との関係』発言以来、台湾人としての意識が広がり、馬英九さえ、選挙キャンペーン中は台湾人意識を強調した。ところが、馬総統は就任以来一〇ヵ月の間に、この重大な台湾人意識を希釈化させた。公的に発言しなくなった。台湾人意識という常識が崩れつつある」
「民進党八年間で確立された多元的価値の定着、言論の自由、人権、開かれた社会、文化的多様性が、危機に頻しており、前から遅れていた台湾の司法システムにパワーハラスメントと恫喝を感じるようになった。台湾の司法制度は国民党の権威主義時代にあった体質でもあり、今後、台湾の民主化が後退する懸念が大きい。馬総統は中国への憧れ、中国コンプレックスを抱いている」。

「このまま馬政権が中国と接近を続けると次世代台湾人は自らのアイデンティティと（自由民主国家にとって重要な）選択の余地が狭まる恐れがある」

「経済的困窮、景気後退の苦境が出現し、民進党時代の八年間の成長がとまった。中小企業の再建はなされたが、国民党は大企業のための政策が中心であり、国民経済にとって最重要の雇用が台湾では生まれなくなる。国民党は中国がすべて、台湾の主権を犠牲にしても、中国へ傾斜すれば、かえって不安が広がる。両岸関係の安定を馬政権は目指すとしているが、不安、対立を惹起《じゃっき》させ、むしろ両岸関係を不安定にする懸念のほうが大きい」

「対日関係で言えば、民進党時代八年間にビザの相互免除、運転免許証の相互承認など両国関係は素晴らしいものだった。日本外交の基本である『自由と繁栄の弧』を積極的に民進党は支持してきた。国民党は日本重視と強調するものの、心情的に対日コンプレックスが深く、つきあいは表面的になりがちとなるだろう。これから日本に望みたいのはＦＴＡ（自由貿易協定）の締結、アジア共同市場へのプロセスで台湾の参加を支持してほしいこと、そして安保での協力関係である」

最後に質疑応答に移ったので筆者も挙手し、ずばり質問したのは「尖閣《せんかく》諸島の帰属問題」だ。日台関係良好なりといえども両国に突き刺さる微妙な難題が尖閣諸島の帰属である。いかに親日的な台湾独立派諸氏でも、多くは「尖閣諸島は台湾領（或いは中華民国に帰属する）」という法律解釈をするからだ。

蔡英文主席の回答。

「政治の側面が強調されすぎて法律的側面が欠落している、国際公法に照らせば尖閣諸島（釣魚台）は台湾に帰属することを十分に証明できる」

つまり直裁《ちょくせつ》には言わなかったが、尖閣諸島は中華民国に帰属するという立場を示唆した。このポイントだけは民進党と日本人との心理的政治的乖離である。

ともあれ蔡英文は痩身で学者肌の才媛だが、はたして政治の修羅場に乗り出して大丈夫かと不安視する向きもあった。しかし党務をこなし、派閥がばらばらだった党内を一応団結させたのだ。バイタリティに溢れ、演説はしっかりと理論的なうえ巧みなユーモアを含ませるなど、人間が豊かに成長した。

一四年春の党大会で彼女は党内事情によってベテラン蘇貞昌《そていしょう》（元首相）、謝長廷《しゃちょうてい》（一二年の総統候補）が次の総統選挙への立候補を辞退するにおよび、次期二〇一六年総統選挙での最有力候補となった。

二〇一四年七月二〇日、民進党は台北市内で党大会を開催した。党大会は紛糾した。なぜなら「独立」綱領を凍結する案と「独立工程表」の作成を求める案とが対立したのだ。

結局、ふたつの案は採決をされず、中央執行部の一任となったが、財界が独立を掲げることに強く反対している一方で、若い世代を中心に「台湾独立支持」が二三・八％（政治大学選挙研究センター調査）もいる事実がある。一九九二年の調査開始以来、この二三・八％はもっとも高い数字である。若者の意識が変っているのだ。

差し迫った年末の統一地方選挙を前に、党内対立を回避しようと、バランスに苦慮する蔡英文首席という構図が浮かび上がった。

一難去ってまた一難。台湾に安定の日はまだまだ遠い。

第八章

馬英九と習近平

支持率が九パーセントに急落した馬英九

馬《ま》英九《えいきゅう》台湾総統への内外からの風当たり、猛烈である。

あれほど高い人気だったのに就任から僅か半年で、外省人系のマスコミの調査でも支持率が三割を割り込み、二〇一二年五月には二〇パーセント前後に陥落した。一四年七月現在、それはたったの九パーセントである。名前の英九にかけたわけでもないだろうが永久に人気の回復は見込めないだろう。

政権発足直後には馬英九政権高官からは楽観的見通しばかりが繰り返された。

「株式市場は買い気配十分。民衆は政府の経済政策を信じている」（馬英九、〇九年四月一四日）。「外国資本は台湾の株価を楽観視している」（蕭萬長《しゅうまんちょう》副総統、五月二二日）。「経済は良好、まもなく株は上がる」（劉兆玄《りゅうちょうげん》首相、六月一九日）。

ところが台湾経済は同年第3四半期、第4四半期連続のマイナス成長となった。

野党集会で登壇した黄昆虎《こうこんこ》（台湾友の会会長）が言った。「政治は九流、売国は一流」（九流は馬英九の「九」に引っかけている）。

そこで馬政権が持ち出したのが反日へのすり替えである。貧しい政治能力しか持ち合わせない政治家のやることは北京《ぺきん》の指導者と酷似している。

しかし台湾国会で国民党が圧倒的多数のため親日ムードは消えかけた。「従軍慰安婦決議」で対日強硬路線に転換しようとする法務部長（法務大臣）は過去にも従軍慰安婦問題で騒いだ曰《いわ》く付きの女性弁護士出身である。だが台湾の民衆は反日キャンペーンには立ち上がらず国民党の誤算に終わる。

台湾が反日路線に傾くときは北京の動きと絶妙な連動があることに注視しなければならない。反日で北京と台北《たいぺい》が繋がっているのは奇妙でも何でもなく、台湾外省人のメンタリティにおける中華思想は中国共産党のそれと通底しているからである。その象徴的言辞が尖閣《せんかく》問題にあらわれる。中国は日本の領海から白昼堂々とガスを盗掘している。尖閣諸島が台湾領土とも主張している台湾は、この問題で北京に抗議した形跡はない。

中国外交部の秦剛《しんごう》報道官は中国が天外天・ガス田を一方的に開発しているという産経の報道に反論し、「天外天などの油・ガス田は係争のない中国の管轄海域に位置しており、関係の油・ガス田に対する中国の開発活動は固有の主権的権利の行使である」とした。

付随コメントは言う。

「日本の『産経新聞』が（二〇〇九年一月）四日、中国は昨年六月に中日双方が東中国海問題で原則的共通認識を発表した後も『天外天』油・ガス田の一方的開発作業を進め、この海域での共同開発について協議を続けるという共通認識に違反していると報じている。『産経新聞』

の報道は中日の東海問題に関する原則的共通認識を曲解している。『天外天』などの油・ガス田は係争のない中国の管轄海域に位置しており、中国が関係の油・ガス田の開発活動を行うのは固有の主権的権利の行使である。中日双方の原則的共通認識で、共同開発について引き続き協議するとされている『その他の海域』には、係争のない中国側の海域は含まれていない」とも発言した。反日的であることは否《いな》めない。

それよりもなによりも嘗《かつ》て自慢のタネだった台湾の経済がすっかり中国経済にビルトインされてしまったうえ、その中国が深刻な風邪を引き、台湾が肺炎を患うというのが今日の両岸（台湾と中国）の経済の構図である。その責任の大半は馬政権の経済運営の失敗に求められる。既に米国マスコミは中国経済の危機を指摘しはじめた。

世界経済危機に中国の貢献を期待するのはやめた方が良い。世界秩序への貢献どころか国内そのものが、投機のためのビルの作りすぎ、建設方面だけの集中的投資のやり過ぎ、輸出製品の過剰などによって、いま突然の崩壊に直面している。

（『インタナショナル・ヘラルド・トリビューン』、〇九年一一月二六日）

国民党内部はバラバラ

馬英九は民衆の不満のガス抜きを目指した。

台湾海峡に浮かぶ澎湖《ほうこ》諸島はおもに四つの小島がつながり、漁業の宝庫だ。三十数年前に訪問したとき、鯛を天日で干していたのには驚かされた。中国人は鯉を食べても鯛はそれほど旨くもなく、干し魚のたぐいなのだ（日本人はめでたいと語感で高級魚にしているが、中国で高級魚は鯉）。

澎湖諸島は大きな島が四つ。これを四つの長橋で繋いでおり（この点で天草と似ている）、観光客も俄然多くなった。中心の街、馬公《まこう》へは台北から飛行機で三五分ほど。

この地にマカオのカジノ・ビジネスの成功にあやかって、博打を公認するカジノをつくる計画は民進党政権の八年間、店ざらしになっていた。

二〇〇八年に台湾国会で国民党が多数となるとにわかに澎湖諸島・馬公に豪華リゾートホテル建設を許可し、カジノ営業を認める法案が国会を通過した。上限三軒まで、カジノを公認する方針。これは中国共産党のガス抜き手段としてのマカオ賭場促進策と似ている。不満をそらす遣り方にせよ、すこし露骨すぎる。

また国民党は党内バランスを均衡させ、副主席八人体制（現在は七人）として人気取りに傾いた。そもそも中国国民党は孫文《そんぶん》が創設し、蔣介石《しょうかいせき》が引き継いだ。独裁強権政治で戒厳令を敷いて台湾を治めたが、民主化以後、野党に転落し、ようやく二〇〇八年三月の総統選で政権の座に返り咲いた。だが、権力回復後も党勢の伸び悩み、党内不統一、リーダーシップの欠如。というより国民党のなかは各派閥の同床異夢《どうしょういむ》、呉越同舟《ごえつどうしゅう》の状態である。強い指導者の不在で内情はばらばらなのである。

第一に資金面を長老達と組んで牛耳っているのは連戦《れんせん》名誉主席（元副総統）だ。かれの周りには中華思想を奉じる蔣介石残党や高級軍人ＯＢが固め、尊大ぶって権限を呉伯雄《ごはくゆう》に全面譲渡しない。連戦は過去の政治家というイメージを別にしてＡＰＥＣ特別代表に馬総統から指名されチリへでかけて胡錦涛《こきんとう》と会談したときは浮き浮きしていた。

第二は政治的動機が曖昧化している。政治目的の液状化だ。

呉伯雄国民党主席は本省人であり、実兄はかつて国民党独裁時代に残酷な方法で虐殺された。その呉が国民党を主導するのも奇妙な話だが、国会を牛耳る王金平《おうきんぺい》（国会議長）も本省人であり、いわば執権党の利権にすりよっている政治家である。

第三に実務派が不在で、党主席であるべき馬英九総統がそもそも金銭スキャンダルで党首を辞任したあたりから組織はがたがたしているのだ。

党勢を挽回しようと国民党は一一月二二日に台北の国父記念館で臨時党大会を急遽開催し、

「副主席」を八人体制とした。

なにがなんでも団結をジェスチャーで内外に示す必要があり、実力者を各派から配置したのだ。副主席にあらたに選ばれたのは蔣孝厳《しょうこうげん》（蔣介石庶流）、朱立倫《しゅりつりん》（桃園《とうえん》県知事）、黄敏恵《こうけいえい》（嘉《か》義《ぎ》市長）、曽永権《そうえいけん》（国会副議長）、呉敦義《ごとんぎ》（党秘書長）ら。とくに朱立倫（現在は新北市長）はポスト馬英九の最有力総統候補である。

この臨時党大会は孫文の銅像に花束を馬英九が捧げて参加者全員で敬礼し、大同団結を謳《うた》った。スローガンは「同船共済、戦勝逆境」。当面する経済的難題のために党をあげて前進しようというもの。嘗《かつ》ての国民党は「党政合一、権力一元」による強い政治を発揮した。いまの党は執行部の指導力が希薄で、各派のバランス均衡、高層部は行政能力不足、形式重視という矛盾を含んでいる。

他方、陳水扁前総統の逮捕から距離をおく最大野党＝民進党は台湾独立派などの諸団体と共闘態勢を強化しつつ、連日のように政府批判の集会を各地で開催した。

とくに民進党が主張したのは「台湾の主権流失」と「人権」意識の希釈化、デモクラシーの大幅な後退、強権政治は戒厳令下と同じではないか、黒金《ヘイチン》（ヤクザ、選挙買収など）政治の復活であるとして北京に急傾斜する馬政権をつよく批判する。

このように著しい譲歩を北京に繰り返して台湾国民の尊厳を踏みにじり、台湾の主権を主張せず、ひたすら北京とのビジネス拡大だけが台湾の国益と勘違いする馬英九政権は、結局、台湾を北京に売り渡す魁《さきがけ》を演じているだけではないのかという台湾人の不安が、経済の失速、失業の増大、株価急落と重なり、台湾の暗い状況が拡大したのだった。

「二・二八事件」の再来

李登輝《りとうき》政権前期、台湾の民主化序曲の時代（八〇年代後半）、台湾で学生、知識人が自然発生的に運動を展開した。それを「野百合《のゆり》」運動と言った。

「党外」運動が広がっていた。国民党以外の雑誌はまったく認められていなかった言論状況の中で、街では公然と党外雑誌という台湾の民主化を訴えるメディアがいくつも登場していた。憲法改正、戒厳令撤廃を呼びかけていた。背後には米国の支援があった。

数年前から台北の「自由広場」に自然発生的に集まっていた若者たちは「野草苺」という民主運動を組織した。馬英九政権の独善的暴走、北京へののめり込み外交への批判が基本にある。弾みとなった事件が陳雲林《ちんうんりん》（中国共産党台湾担当幹部）の台湾訪問だった。反対する人波は北京代表団が行く先々にあらわれた。これを権力側は暴力による弾圧に出たため流血があった。頭から血を流す人、警官に暴行を受けて重傷を負った人々。血の弾圧は国民党への恐怖心を掻き立てた。「まるで二・二八事件の再来ではないか」と民進党は抗議した。

二〇〇〇年春、陳水扁《ちんすいへん》が当選したときに「あれはインチキ。不正選挙だ」と中華思想組は選挙結果に難癖をつけ、国民党支持者らは総統府前に四〇日間も座り込んだ。しかし当時の李登輝政権は警察を交通整理に派遣しただけで弾圧することはなかった。言論の自由は守られた。反対派の言論を弾圧する愚をさけたため、世界は台湾に民主主義が復活したと歓迎したため陳水扁辞任要求運動は、自然消滅した。

二〇〇六年に陳水扁政権を批判して台北総督府前に座り込んだ赤シャツ運動（施明徳《しめいとく》が陳水扁下野を要求しての座り込み）は、国民党系との野合だったが、台北市を交通渋滞に巻き込み多くの市民が迷惑した。しかし陳水扁政権も警察を出して物理的に排除することはなかった。赤シャツ運動も自然消滅した。

馬英九政権となって北京からの使者がニタニタと気味悪い笑顔で桃園空港に降り立ったときに、北京傾斜に抗議する台湾の民衆が立ち上がって抗議した。

民衆は静かに抗議運動を行った。会談場となったホテルの窓から反対の垂れ幕を垂らしたくらい。これを馬政権は暴力で排除した。垂れ幕をホテルの窓から垂らしただけの女性二人を逮捕した。人権を無視した、非民主的な権力側の無謀を目撃し、台湾の学生と知識人がまた立ち上がった。

国家公安局長、警備責任者の辞任を求める学生の輪に五百人以上の教授が連署の支援声明をだして静かな抗議、各地ではハンガー・ストライキが連続的に展開された。とりわけ自由広場には支援資金と食料を持ち込む民衆の列がたえず、差し入れのパンが山積みにされた。

あまりの抗議と国民の反発にたじろいだ馬英九は二〇〇八年一一月末、国家文化総會で演説し、台湾独自の文化を強化した台中《たいちゅう》両岸交流や国際交流に力を入れたいと記者会見した。とくに海外に「台湾書院」を設置し台湾の「正体漢字」を普及したいと提案した。「簡体漢字」（略字体）と異なって台湾は「正体漢字」（旧字体）を使用しており、中国が世界各国に「孔子学院」を設置して中国語熱を醸成していることに対抗する目的もある。

ついで馬英九政権はポピュリズム政策の実現に打って出た。

二〇〇九年旧正月には日本の消費促進策に見習って「消費券」をばらまいた。明らかに人気取り作戦だが、日本と違って消費券を受け取るやいなや台湾の人々はデパートなどに押しかけて派手に使った。刹那的である。

この台湾消費券の成功にならって中国では杭州市が、続いて香港に隣接する深圳市《しんせんし》が、消費券を実行した。

歳費削減のために正副総統と、五つの院長の歳費二割カットを検討した。

台湾総統は月給四六万台湾ドル（一台湾ドルは三円五〇銭）、副総統は三四万、五院長とは立法院（国会議長）、行政院（首相）、司法院（最高裁長官）、監察院、考試院などのトップで各三一万。これらは立法委員（国会議員）の月給一八万五〇〇〇台湾ドルに比べると二〇パーセントの歳費カットも受け入れられようとするもので国民に規範を示そうというジェスチャーだが、基本的に馬政権はジグザグの最たるものであり、台湾本省人の怒りは収まらなかった。

あまりに行き過ぎた北京への譲歩

かくして大蛇に飲み込まれる前のカエルなのか。すっかり元気を失った台湾。

〇九年五月に就任以来、馬英九（台湾総統）はつぎつぎと北京との妥協を重ねてきた。

米国からは「独立を言うな」、「住民投票など行って波風を立てるな」と言われるまま、防衛兵器の購入さえ躊躇《ためら》う姿勢を見せた。

直接航路が開かれると両岸双方の八社が乗り入れ、台北の飛行場に着いて掲示板を見ると北京・上海《しゃんはい》・広州《こうしゅう》はもとより大連《だいれん》、杭州《こうしゅう》、深圳、瀋陽便もある。まるで中国大陸にいるかと錯覚を覚える。税関の手前にある銀行両替カウンターには「人民元歓迎」とある。

こうなると昔の台湾ではない。

街へでても若者は北京語ばかりで台湾語を喋ろうとせず、田舎へ行っても中年層から上の世代でないと台湾語が滅多に聞かれない。台北のある有名書店では無国籍サブカルの典型作家＝ムラカミハルキだけの展示コーナーがある。伝統的な台湾文化は消滅寸前である。

新聞を読めば「統一」「宥和」。これでは「第二の香港」に転落するのも時間の問題ではないかと不安に駆られる。知識人と話し込むと「フィンランド化」という冷戦時代の死語を思いだした。民主主義国家が全体主義国家の影響下に入る様を表す政治用語だからである。

一方で馬政権は静かに反日教育も進め、李登輝時代の『認識台湾』教科書による台湾重視の歴史教育も元の中華思想の歴史観に戻してしまったのである。だから新聞も日本に厳しい批判を繰りだし、劉兆玄前首相が「(日本と) 戦争の覚悟はできている」などと物騒な発言をしても党内では誰も咎めない。テレビはあらかたが大陸系、新聞でも野党支持はいまや『自由時報』くらいだ。

○九年師走に統一地方選挙が行われたので、もっとひどい混迷ぶりかと取材に出かけた。考えてみれば一九九六年、初の民主化による総統選挙以来、筆者は必ず台湾の選挙も見に行っている。だからなじみのスナックに顔を出すと筆者の顔を見るなり開口一番「あ、また選挙?」という符牒《ふちょう》となる。

直前に台北に住む友人に選挙情勢を尋ねたところ、「国民党圧勝という雲行きが変わっている。台風被害の政府の対応の拙さから馬英九への批判が強まり、支持率が急降下、与党候補者さえ馬と一緒の写真をポスターに使いたがらない」というではないか。

花連《かれん》県長選挙では国民党公認候補が反《アンチ》馬派の新人となり平穏な選挙区が突如、激戦区となった。馬の看板政策のひとつだった澎湖諸島のカジノ建設も賛否を問う住民投票の結果は逆転、カジノ建設が否決された。

このあたりから庶民の馬英九離れが始まっていた。

カジノは澎湖諸島の経済にとって魅力に富む、大きな集客力が期待できるプロジェクトだが、治安の悪化や島外資本の乱入を住民が嫌がったからだ。

国防方針が大きく後退

選挙前までの台湾の政治状況を見ていると、自分で自分の国を守ろうとする意思さえ放棄し、馬英九政権は米国から言われるままに北京との妥協を繰り返してきた。象徴的な立場の後退は国防方針のジグザグに現れている。台湾の国防方針が劇的に変更されていたのだ。

二〇〇九年一〇月、台湾国防部はようやく新政権のもとで初めての『国防白書』を公表した。通読して中国の軍事的脅威を前に台湾をいかに守るか、どういう戦略をもって敵を退治するのかが曖昧なのである。換言すればこれは北京へのメッセージであるからだ。

二〇〇八年の総統選挙キャンペーン中、馬は「ハードロック」を標榜した。ＨａｒｄＲＯＣＫはアメリカの有名ディスコとＲＯＣ（中華民国）を引っかけた、駄洒落のような印象があった。

ちなみに陳政権下では「領域外での決定的防衛」というのが基本方針だった。

最新版の台湾国防白書は前政権と継続性を持っているかに見え、顕著なニュアンスの相違があると専門家が指摘する（陳忠信《チンチュンシン》『チャイナ・ブリーフ』、〇九年一一月一九日号）。陳忠信は『美麗島』雑誌の主幹。『自立早報』主筆から立法委員、陳水扁政権では国家安全会議諮問委員、副秘書長、秘書長代理などを歴任した。

彼に依れば、「断固たる防御と効果的制止」という前政権までの国防方針の文言が、「効果的制止と断固たる防御」に入れ替えられていることに注目すべき、という。

軍事プロフェッショナルが軍事戦略を立案し、徴兵制を撤廃し、効率的軍隊に作り替える方針は早くから表明されていた。馬英九の台湾は「効果的制止と断固たる防衛」という、なにか曖昧で抽象的な国防方針で中国の軍事的脅威に臨むことにしたと書いている。

歴史を振り返ると台湾の防衛方針は過去にも何回か更新されている。

第一期は蔣介石軍が台湾へ逃げ込んだ一九四九年から民進党政権誕生（二〇〇〇年）までである。勇ましくも「大陸反抗」を目標として「攻撃的軍事力と深甚なる防衛」という方針だった。とくに一九四九年から六六年までは、背後にアメリカ軍の存在があり、「攻撃的防御」が正面に謳われ、金門、馬祖の最前線に強大な軍を貼り付け、しばしば大陸沿岸を攻撃した。

だが六〇年代に蔣介石は表向きの声明をださないまま、「大陸反抗」を事実上捨て去り、その結果、大陸沿岸部での軍事的な小競り合いがなくなる。

金門と馬祖には一七万人の兵力が割かれたが、それも劇的に減員された。米軍顧問団が去り、金門・馬祖からの兵力削減が開始され、七九年に米中国交回復がされる。米国は「台湾関係法」を同時に成立し、台湾の防衛に一定の責任を持つとの方針を鮮明にした。

当時の郝柏村《かくはくそん》参謀総長（後に首相）時代（一九八一―八九年）には「水際での決定的防衛」、つまり台湾本島への上陸を断固として阻止することが基本方針となり、防御線がおおきく後退する。台湾の海岸線で徹底した防御という基本方針の変化は戦略の更新をともない、兵力の分担も当然ながら変更された。この時代の後半には李登輝総統が登場したので、国民党内で外省人をバックとする郝柏村は李登輝の政敵だった。しかし国防をめぐる路線対立はそれほど大きくはなかった。

これは「戦略的維持」と呼ばれ、中国軍が台湾上陸を試みる場合に多大の犠牲を伴う。この間に台湾が防御に専念する間に米軍の来援が期待できるとするもので、この文脈から航続距離の長い戦闘機、爆撃機などは不要とされた。

蔣介石の国防の基本から大幅に後退し、台湾防衛のみに注がれる。こうした文脈に沿って米軍から提供されたF16も仏ミラージュ戦闘機も航続距離が短く、たとえ台湾空軍が中国大陸へ侵入しても作戦行動は一〇分間前後しかない、限定的な戦闘能力しかなかった。

二〇〇〇年に陳水扁政権が誕生し、またまた防衛戦略は修正され、「領域外での決定的防衛」が台湾の国防方針となる。

しかし一方に於いて中国が迅速に開始したミサイル配備に対応するためにミサイル防衛が前面に出てくる。

こうして二〇〇〇―〇八年の民進党政権下で台湾の国防基本方針は軌道修正。「積極的防衛」と冠され、六〇〇キロ射程の巡航ミサイルの導入など海域戦力重視に傾くのだが驚くべきことに陸軍が反対した。

また修正がなされ、台湾軍の近代化と武器の性能向上が急がれたが、敵に侵略された場合、敵地攻撃に移るという「プリエンプティブ（予防的先制攻撃）」は選択肢からはずされ、陸軍の役割重視に傾斜したのだ。同時に金門と馬祖の兵力は二万人以下に削減され、かわりに一〇〇〇キロの巡航ミサイルの開発が決定される。

馬英九政権は、これらの経緯をふまえ、国防方針を微妙に更新した。馬に助言した黒幕は蘇《そ》起《き》（元大陸委員会主任、前立法委員）である。

蘇起は「大陸を攻撃するいかなる兵器も保有しない」と驚くべきことを言って、陳水扁の「積極的防衛」の基本を否定した。

職業軍人だけによる効率的防御を基軸とする国防方針の大変更を馬に建言《けんげん》した。「『領域外での決定的防衛』という陳前政権の方針は台湾海峡での衝突を挑発するために危険な考えだ」と言うのである。

蘇が提案した「ハードロック」（HardROCK）はあろうことか長距離ミサイルの生産を止め、制空権を保持しつつも中国の奇襲を防ぐ防衛力を維持すれば、米軍の来援まで台湾を防衛することができ、中国軍の上陸・占領を断念させることができるというもの。最初から最後まで「敗北主義」的な考え方で一貫している。

これは軍事専門家ならずとも最初からの敗北宣言に等しく、兵器生産を変更し、兵力輸送へリと滑走路の修繕と部品充足、機雷敷設能力の向上で台湾防衛は十分だと言い張った。これがハードロックの中味、驚くべし、戦略以前のレベルである。

軍内部からの猛烈な反対と国民党内からの批判が続いた。

五大市長選挙は野党が勝利した

中国から虐められ、米国から冷たくされ、日本はまったく頼りなく、孤立を深める台湾は政治的安定を欠く。そもそも外省人と本省人は水と油、マナーも考え方も融合するにはたいそう難しい壁がある。

大陸政策を大幅に北京寄りとした馬英九政権は財界の賛意を別として、多くの国民から失望と猜疑の目で見られ支持率はどかんと落ち込む。連敗につぐ連敗、その人気の急落ぶりはオバマや鳩山・菅とつづいた日本の民主党政権の無能に匹敵する。〇九年の県知事選改選区で国民党は劣勢に陥り、二〇一〇年の立法委員補選では全滅した。

この国民党衰退という潮流のなかで一〇年には五大都市（台北、新北、台中、台南、高雄）の市長選挙が実施された。これは台湾の前途を占う意味で極めて重要だった。馬英九の国民党は二年前の得票からじつに二一九万票を減らしたのだ。

台湾国民二三〇〇万人のうちの一三〇〇万人が五大都市に集中して住み、各市長は閣僚の扱いを受ける。毎回とはいえ熾烈な選挙は人を興奮させ、人を走らせる。台湾の場合、旗を道路に林立させても構わない。数の制限なし。タクシー、バスの広告もＯＫ、プラスチックの看板もカラー、メチャクチャにカネがかかる。国民党候補の選挙事務所へ行けば弁当やらジュース、珈琲の接待、候補者の名入り帽子は無料で配られる。

二〇一〇年一一月二七日が投票日だった。この次は、したがって二〇一四年一一月二九日である。

このときの選挙結果は辛うじて国民党が勝利（北部三市は国民党）したが、得票率は民進党のほうが五パーセントも国民党を上回った。国民党は三三六万九〇五二票（四四・五四パーセント）に対して民進党は三七七万二三七三票（四九・八七パーセント）。

「え、そんなことあり？」。選挙区割りの妙と国民党の選挙テクニックのうまさが勝因。しかしゴアvsブッシュは一パーセント以内の誤差。〇四年台湾総統選挙は二・二八パーセントの僅差だった。「国民党惨勝」という奇妙な熟語で結果を報じた新聞もあった。勝ち方がじつに惨め、対照的に民進党は余裕を持って負けた。

僅差五パーセントで与党が事実上敗北したということは次の五大市長選挙は国民党に赤信号が灯ったという意味である。

この時も取材で台湾各地を歩いていた筆者は毎日コンビニに通って新聞全紙を買った。各紙の見出しを拾うと、「藍驚険保三、緑勝四〇万票」（『自由時報』、一一月二八日）「藍保住北北中、緑高雄台南大勝」（『りんご日報』）、「藍保北中三都」（『中国時報』）といった具合。藍は国民党、緑は民進党のそれぞれの旗の色を表す。

「誰もが現状維持を望み」（『台北タイムズ』、『中国時報』）、「誰も責任を取らなくて良いという絶妙の結果」（現地ジャーナリスト）、これで「半分、安心したのは北京だ」（英誌『エコノミスト』、二〇一〇年一二月四日号）。

市長選の流れは総統選に繋がる

もう少し具体的に数字を分析しながら台湾の近未来を予測してみよう。なぜなら、二〇一四年一一月末の五大市長選挙は、このときの数字がベースとなり、しかもその流れが二〇一六年の総統選挙へと直截《ちょくせつ》に繋がるからである。

首都台北では「首都を絶対に落とせない」とばかり国民党選対本部は早くから準備態勢を構築した。市長選挙のない台東、花蓮など遠方から支持者の住民票を移動させる作戦を展開した。移転から四ヵ月後に選挙権が与えられるため、およそ五万世帯が台北市の住民となったらしい。

総決起集会は鉦《かね》と太鼓で動員され、国民党の集会を見学すると地区別看板のもとに集まった人たちがリーダーの合図で旗をふり、ラッパを鳴らす。しかし動員組はバスに弁当付き、日当付きで国民党候補の応援にきた芸能人の歌やショーを楽しんでいる。候補者（郝龍斌《かくりゅうひん》）の顔を知らない人も。これが総統府前の国民党集会の実態。立錐《りっすい》の余地がないどころか、人のいない空間が広い。それでも全力を尽くして首都を守るという作戦で、これを国民党は「重北軽南不敗戦略」とした。北部三都市に重点、南部は軽視という意味だ。

投票前夜、連戦（国民党名誉主席）の息子が銃撃され重症を負うというハプニングがあり、同情票が国民党へ流れた。次はこの連戦の息子が台北市長の候補者である。

蘇貞昌《そていしょう》（元首相）は民進党の台北市長候補だったが最後の夜の集会では声がかすれていた。会場は熱気むんむん、雰囲気だけで比較すると民進党が圧勝ムード。しかも参加者はボランティア、選挙グッズさえ実費で頒布されている。

国民党の軍資金は潤沢だが中国からも政治資金流入しているという噂が消えない。

結果は郝龍斌（国民党、郝柏村元参謀総長の息子）が五五パーセント、蘇貞昌（民進党）は四四パーセントだった。

新北市は首都圏で台北の周りを囲む衛星都市（三重、板橋など）が大合併した新区域ゆえ台北より人口が多くなった。国民党は次世代のホープ朱立倫《しゅりつりん》を擁立し、民進党主席の蔡英文《さいえいぶん》の挑戦に応じた。朱は外省人と本省人の二世。印象が弱々しく政治家としてのたくましさを感じさせない。風貌は韓国の李明博《イ・ミョンバク》前大統領に似ている。

民進党候補の蔡英文は九九年、李登輝の「ふたつの中国論」の起草者して知られる学者から陳水扁政権で大陸委員会主任（閣僚）、以後、国会議員に当選。一度、政界を引退したが党の内紛でリリーフ党首に担がれ、あれよあれよという間にジャンヌ・ダルク的存在となった。水を得た魚の如く「おかっぱのオバサン」として走り回るから庶民にも人気が拡がった。新北市の結果は国民党一一一万票（五三パーセント）vs一〇〇万四九〇〇票（四七パーセント）と民進党の蔡英文が猛烈に追い上げ、党内の人気を不動のものとした。

台中も周辺をごっそり合併して「大台中」。国民党は現職でベテラン胡志強《こしきょう》が大苦戦を強いられた。馬政権で国民党秘書長の金溥聡《きんふそう》が「地方ボス（やくざ）と密着選挙という癒着と腐敗を絶つ」と宣言し従来的な遣り方を踏襲しなかったため地方ボスが国民党から離れた。そのうえ民進党の落下傘候補＝蘇嘉全《そかぜん》（民進党前秘書長）の追い上げ凄まじく結果は五一パーセント

vs四九パーセントというきわどさ、票差は僅かに三万票だった。野党は国民党の金城湯池《きんじょうとうち》といわれた選挙区で善戦できたので次期に希望を繋ぐ。胡志強は「冷汗をかいた」と記者団に吐露。これまで台中と言えば地方閥に支えられた国民党の牙城の一つだった。

高雄、台南は民進党の地盤で、高雄は民進党系が党を割った第三候補が割り込んだものの、これと国民党を足しても民進党現職の陳菊《ちんきく》を凌駕できなかった。

台南は頼清徳《らいせいとく》（民進党）六〇パーセントvs.四〇パーセント（国民党）と緑陣営の圧勝。

高雄は陳菊（民進党）五三パーセントvs.二七パーセント（民進党離脱）vs.二一パーセント（国民党）という結果だった。

また同時に行われた五大都市の市議会選挙は与野党の議席が一三〇ずつの同数となった。ほかに与党系に親民党市議が四、新党系が三、野党は台湾連盟が二、そのほかが四五議席。こうなると地方議会で国民党の支配は終わる。

ただし同日、もう一つ「里長」選挙も行われ、こちらは九割が国民党系だった。これをどう見るか。「里長」という台湾独特の制度は日本でたとえると民生委員と町会長が一緒になったような地元名誉職。国民党が里長手当のスクーターからガソリン代も負担するので、どうしても国民党優勢となる。

国民党、五つの病理

この選挙では筆者は投票前日に台北へはいった。板橋と台北でそれぞれの決起集会を取材。合計四カ所をまわってから新聞記者や学者が集まるスナックへ。ここでは違う情報がとれるからだ。

世論調査の公表は各メディアが規制により一〇日前で終了するため、いよいよ終盤の情勢変化は未知数となる。しかし台湾には明確な予測インデックスがある。トトカルチョ相場である。つまり選挙予測に賭ける博打。トトカルチョの語源はイタリア語で「掛け金の合計」を意味する。台湾の庶民は熱意をこめて事前の賭け事を展開する。じつは毎回、筆者は投票前日のトトカルチョ相場を「参考」にしている。前々回も優勢と言われた謝長廷《しゃちょうてい》（総統候補、民進党）。メディアも「勝ちそう」と書いていたが、闇相場は「馬英九圧勝」を示しており、蓋を開けるとホントに謝候補は惨敗だった。

在米華僑の中国語新聞『多維新聞網《トウウエイシンウエンマオ》』（一一月二二日）も伝えた、前夜までのトトカルチョ相場を参考に掲げると台北市は民進党の蘇貞昌が五二元に対して、国民党の郝龍斌が四八元だった。新北市は民進党の蔡英文が四五元に対して国民党の朱立倫への賭け金は一〇元だった。掛け金の少ない方が安泰。台北市で野党・民進党逆転の可能性があること、新北市では野党、及ばずの結果になりそうという意味である。トトカルチョがわりと正確に先を読んでいたことになるがこれは余談。

しかし事実上「惨勝」だった国民党の党内事情は複雑怪奇である。

国民党には五つの病理がある。

（一）外省人vs.本省人の対立が激化しており派閥争いが絶えない。王金平（国会議長）ら本省人が反乱を起こし外省系客家人らを故意に公認から外したりした。（二）中央vs.地方の対立が表面化した。国民党は公務員、軍、外務省vs.地方ボスの派閥の対立のしこりが残っている。（三）宋楚瑜《そうそゆ》（親民党）に通じる一派が党内に残留し馬英九を軽く扱う。連戦ら長老も馬と対立している。（四）中国利権の取り合いが連戦vs.江丙坤《こうへいしん》（元通産相）らの間に続き、党内では反感が拡がりがある。くわえて（五）マスメディアの対立が顕著であり、馬政権と党官僚がなにごとにもいがみ合う。党の集票マシンがちゃんとして機能しない。

習近平の操人形・連戦

連戦は北京から「扱いやすい政治家」と見られており、過去のAPECでも胡錦濤《こきんとう》と何回も接触したうえ、台湾の連戦事務所は北京の習近平弁事処とホットラインが繋がっている。台湾企業幹部が大陸でのビジネスで問題が起きると連戦にたのみ、連戦は当時、胡錦濤に直通のコンタクトを取っていたという。

連戦が馬英九総統特使として来日したときも胡錦濤と横浜で会見している。このとき、横浜のAPECに台湾は「チャイニーズ台北」という五輪方式で参加し、二人は「旧交を暖めた」（華字紙）。連戦は二〇〇五年に初訪中以来、数回中国各地を訪問しており、そのあまりに無節操な外交感覚を野党ばかりか与党内の本省人政治家からも批判されている。

連戦と宋楚瑜がそれぞれ中国共産党から招待されたとき（〇五年）は「熱烈歓迎」で、先祖の墓参りもできた。直前に中国は歴史改竄を「修正」し、「抗日戦争の主体は国民党だった」と各地の反日記念館の記述を変更し、さらには西安《せいあん》事件などの評価も修正して、事実上の「第三次国共合作」をスタートさせた。

横浜APECの記者会見に筆者も出席したが、台北からの随行記者団が数十、テレビカメラ六台、ほかにシンガポール、香港の記者も目立った。日本人記者も三〇人ほどでホテルの連戦の会見場は異常な熱気に包まれた。華字メディアにとっては報道の価値が高いからである。中国語圏の記者団の連戦への質問は両国の締結した貿易協定と両岸関係に集中した。

日本人記者団の質問はまったく異なった。

「胡錦濤とあって（台湾に照準をむけている一三〇〇基の）ミサイル撤去を迫ったのか？」

「胡錦濤に台北に招待することはないのか？」

「APECを次は台湾で行いたい旨の提言はしなかったのか?」

連戦の回答はすべてNO、やはり連戦は軽く見られている証拠だろう。連戦に代表される外省人政治家がまだ統一希望を捨てきれない大中華という幻想的なメンタリティを抱いていることが露呈した。

他方、民進党には敗北感がない。逆である。「災い転じて福となす(「禍福相畸」)心境のようだ。新北市で善戦した蔡英文主席を「時勢の英雄」(金溥聡国民党秘書長)などと敵側からも持ち上げられた。

もう一つの未知数要因が前総統の「陳水扁ファクター」だ。

選挙から六日後の一二月二日、陳水扁前台湾総統は「汚職」による懲役二年以上の服役のため台北監獄へ移送、収監された。連戦の息子、連勝文《れんしょうぶん》銃撃事件のあとだけに通常四名の警察官護衛を八名に増やし、ものものしい警戒がなされた。台湾の最高裁判所は一一月一一日に高裁の懲役一一年と差し戻しとしたため、最終的処分が決まったからだ。陳水扁前総統の囚人番号は「一〇二〇」、収監された部屋は独房で一・二坪。

かりにも前国家元首をここまで冷酷無惨にあつかうのはシナ人の残酷さを見せつける特性であり、「国民党に逆らった政治家への復讐」の意味が込められている。敵を徹底的におとしめるのは古来より中国人の遣り方。しかし日本教育と情緒になじんだ台湾本省人には理解を超える仕儀であり、深い同情が起こるのも自然の流れだろう。

五大市長選と同時に市議選挙があり、高雄では陳水扁の息子、陳致中《ちんとうちゅう》（三一歳、無所属）に想像をこえる同情票が集中した。もちろんトップ当選だが歴代一位、最年少候補、新人候補トップ当選という「三冠王」に輝き、台湾南部の人々が陳水扁下獄という政治環境に反感を示したのだ。

もはや国民党が国民を十分に説得できる材料は希薄となったとはいえ、台湾が直面する難局から脱出するのはたいそう難しく台湾の漂流ぶりはしばらくの間、変わらないだろう。

第九章

ひまわりのように生きる

――世界が驚いた台湾学生運動――

突如、台湾に黒潮が湧いた

二〇一四年三月、突如、台湾で学生運動が燃えあがった。地元の新聞は「黒潮が湧いた」と書いた。

馬英九《まえいきゅう》政権が進める中国との統一路線に反対する学生らが国会を占拠するという直接的な抗議行動に踏み切ったのだ。あきらかに米国のウォール街を占拠した「われわれが九九パーセント」という座り込み行動に似ている。そして予想外の市民の応援があり、学生を支援し国民党の中国宥和政策に強く反対する抗議集会（二〇一四年三月三〇日）には五〇万人が集まった（「サービス貿易協定」反対を「反服貿」という）。

最大野党の民進党もおっとり刀で学生を支援し、李登輝《りとうき》前総統も激励した。台湾の言論人、知識人も学生に熱烈な声援を送った。爾後《じご》、台湾での成功に刺戟されて同年七月、香港の活動家らが、「もっと自由を！」と叫んで香港の金融街中枢＝セントラル地区への座り込み抗議行動に直結した。マカオでも七月三日に二万人が行政府に抗議して座り込んだ。

世界のマスコミが台湾の学生運動に注目したのはおりから起きたロシアのクリミア分離・併合とウクライナ危機が被さって見えたからだ。台湾を併合しようとする中国の野望に警告を発したのが皮肉にもウクライナ問題だった。世界一七ヵ国のメディアが台湾へ取材に入った。

へーゲル国防長官が訪中し、中国の軍事力拡大に強い懸念を表明した時期と重なった。

学生たちが最終的に馬英九政権に求めたのは中台間のＦＴＡ（自由貿易協定）ともいえる「サービス貿易協定」の撤回である。この要求に応じるまで国会（立法院という）占拠は継続すると表明した。台湾の世論も珍しく学生たちを支持した。「新台湾国策智庫」の世論調査によればサービス貿易協定について、「交渉やり直し」支持が六六・二パーセント。「国是会議の招集」は七六・五パーセント、「事前監督制度の法制化」に至っては八二・一パーセントが支持を示して馬政権をあわてさせた。

中国との宥和政策を進めた馬政権に対して国民の支持が極《きわ》めつきに弱いことが判明した。台湾の有名大学五校の学長会は連盟で学生の行為に理解を示し、事後の法的措置には「慈悲をもってあたれ」とする声明文を発表した。これは「不法行為には法治の国として学生といえども区別しない」と発言した法務大臣への当てつけとも言える。国会占拠はたしかに不法行為だが、台湾国民は学生を支持し馬英九を見限った。ちなみに馬の支持率はわずか九パーセントしかない。国民党系メディアでも一二パーセントと、信じられない数字である。

逆効果になった馬英九支持デモもあった。錯誤的行動と多くの台湾国民は考えたのも、デモの参加者の出自である。「中華統一促進党」なる政党が台湾に存在する。代表者は張安楽《ちょうあんらく》といってシナ服に身をまといインテリ風のめがねをかけた優男。この張は台湾ヤクザのボスである。

四月一日はエイプリルフール。同党が中心となって「国会占拠中の学生は不法行為。国会から速やかに退去せよ」と四時間にわたってデモ行進を行った。つまり国民党統一派の第五列である。張安楽はデモには加わらなかったが、台湾の政治通なら背後に彼の存在があることを知っている。しかしデモの参加者はわずか千五百人程度だった。

そもそも「白き狼」の異名をとる張安楽とは何者か？　かれは台湾のやくざ「竹連幇《ちくれんほう》」の幹部で江南《こうなん》暗殺事件に関与して米国で一〇年服役後、中国大陸で一七年逼塞《ひっそく》した。二〇一三年に台北《たいぺい》へもどり百万元（台湾ドル、邦貨換算で三五〇万円）の保釈金を支払って釈放され、町中へ消えた。警察の調査では新北《しんぼく》市中和《ちゅうわ》区に隠れ住んでいるという。

「国会を占拠している学生指導者の陳為廷《ちんいてい》と林飛帆《りんひはん》は学生を雇っているのだ」と張安楽は発言したらしいが、いみじくも蔣介石《しょうかいせき》時代の学生デモが国民党の雇用によるやらせだった官制デモの発想から抜けきれない証拠を現した。彼の認識では自発的な学生参加の政治行動など考えられないのである。

「太陽花学運（ヒマワリ学運）」リーダーの林飛帆（台湾大学大学院生）と陳為廷（台湾清華大学大学院生）に対する謀略的な誹謗中傷が国民党系のメディアや、やらせのネットで展開されたが反応はなかった。しかもこの二人は外省人三世である。

中国から離れる台湾企業

台湾の実業界が一時あれほどのめり込んだ中国への投資、進出熱が、ここまで冷めてしまった現実は一種の衝撃を与党・国民党関係者にも与えた。

中国と台湾の実質的なＦＴＡに当たるＥＣＦＡ（両岸経済協力枠組協定）の後続協定が「サービス貿易協定」であり実業界が推進を求め、強く賛成してきたはずだったのに土壇場へきてなぜ変心したのだろう？

それは中国経済の急激な悪化、金融危機の到来により台湾企業にとって妙味が薄れたからである。また進出した台湾企業が中国でだまされたり契約不履行のための裁判沙汰が二万八千件。まともに受理されたのは一五件だけ。実業界の不満は爆発寸前だった。

学生らは国会審議をろくにせず強行突破した馬英九を「民主的でない」と糾弾した。「サービス貿易協定」は昨年六月に署名されたが、銀行、ｅコマース、ヘルスケアが自由化されれば台湾人の雇用が奪われ、言論の自由が脅かされ、自由な出版が圧迫されると学生たちは訴えた。

中国にとって、この協定は戦略的目標実現への橋頭堡《きょうとうほ》にすぎず、最終的なねらいは台湾経済の支配を通じての台湾併呑《へいどん》である。

学生らの国会議場占拠は三月一八日に始まり、議場内に持ち込まれて壇上に飾られた馬英九の似顔絵には「中国の手先」とかかれ、「反暴力」「フリー台湾」の旗が林立した。

学生らは徹底的に非暴力を訴えた。

そして学生を支持する大規模な抗議集会が三月三〇日に開催され五〇万人が集まった。支援する野党関係者のほか、ネットの呼びかけに呼応した全土から若者が集まったのだ。彼らは「このサービス貿易協定は、法律上の規制と監督を受けないことになっている。両岸（台湾と中国）が将来的にどのような経済・貿易交流になるにせよ法治の基礎があるべきだ。交渉の前後において明確な監督システムが必要だ。両岸の経済と貿易関係を維持しようとするなら法制的に行うべきだ」

と明確に主張した。

ついに学生運動が国を動かす

四月四日、行政院は「監視するメカニズムをつくる」と懐柔案を学生に示したが「これは欺瞞。我々はだまされない」としてはねつけた。

しかし学生たちのなかに過激派が潜入し、あるいはマフィアの一員が学生を装って行政院に殴り込んで器物損壊など暴力行為にでたため警官隊が導入され、流血の騒乱となった。多くのケガ人が出たのも催涙ガスのほか官憲が棍棒で学生たちを殴りつけたからだった。ところが学生を心情的に支援する婦人グループが警官と学生たちの間に「グリーンガード」を築き、これ以上の警官の介入を防ぐ。学生を守るために国会前の青島路《チンタオルー》（台北の永田町）には学生を支持する市民数千名が周りをとりまいて学生たちを守った。前代未聞のこと、市民も立ち上がったのである。

支援チームは後方支援メカニズムを構築し、夥《おびただ》しいテント村ができて飲料水、食料、ボランティアが焼き芋やおにぎり、ちまきを運び込み、片隅のテントは医療班でボランティアの医師たちが交代で詰めかける。こうした全国民的な支持運動が自発的に組織されたことは特筆すべき現象だった。支援の輪は全島にひろがりカンパが呼びかけられ、移動トイレまで運び込まれる騒ぎとなった。とくに宣伝班テントはこれまでになかった新方式で、英語、日本語、独仏西伊など十数カ国語でニュースリリースを連日作成、発信した。世界に台湾の学生の動きが伝播した。

台湾亡命中のウアルカイシや王丹《おうたん》（いずれも四半世紀前の天安門《てんあんもん》の指導者）らが台湾の学生を支持したばかりではない。北京《ぺきん》にいる世界的アーティストの艾未未《アイメイメイ》も三月二六日にはビデオでネットに登場し、学生への支持と連帯を表明した。台湾の反政府行動を報道規制していたため事件を知らなかった中国の若者らも次々とネットに支持表明を書き込んだ。

かくして政治へのヤクザの介入により世論は硬化し、学生を支持する人々が国民党系のメディアの世論調査でさえ過半数を超え、ついに馬英九は「学生が国政に関して発言するのは良いことだ」などと言い出した。

「新党」は台湾議会に議席を持つ統一派の政党で、外省人の子弟らが中心。「国会占拠中のひまわり運動の学生らは中国の利益を代弁しない」と批判すれば、学生らは「われわれは中国人ではない。われわれは台湾人である」と応じた。

王金平 vs. 馬英九

与党・国民党内に鋭角的な亀裂が入った。

もともと今の国民党は蔣介石時代と様変わりしており、イデオロギー的な中国統一思想は消えて、経済的に裨益《ひえき》するのであれば統一を前向きに考え直すとしても、それは大陸が民主化してからの話し合いであるとする立場である。しかも国民党員といっても外省人は比較的少なく多くの本省人が国民党に便宜的に入党し立法委員に出馬して国会の議席を得ている。

その代表格が国会議長の王金平《おうきんぺい》である。

馬英九にとって党内最大の障害物で、馬が提出した議案を片っ端から国会で蹴飛ばしてきた王を謀略で排斥しようとしたが、みごとな失敗に終わった。

この事件は一三年九月のこと、ある民事裁判への仲裁を頼んできた後援者と王金平との電話を盗聴した当局がテープを公開して、王金平を党籍除籍処分としたところ、むしろ「盗聴したことが違法」とする世論に押され、王はそのまま居座ってきた。もし党籍が剥奪されれば王は比例代表区選出のため自動的に国会議員の資格を失い、議長の座を引きずりおろされるところだったのだ。

王金平は党内の主席選挙で馬英九と争って惜敗した。党の総裁公認候補を決める選挙だった。国民党はかつてのような独裁的なカリスマはいなくなり、利益追求の寄り合い所帯、派閥があり、党内の空気はささくれ立っているのである。

次の国民党主席選挙は秋に予定されるが、馬の再選の可能性が日々薄くなっている。年末（二〇一四年一一月二九日）に迫った五大市長選挙（台北、新北、台中、台南、高雄）の候補者は国民党主席が最終的な決定権をもっており、高雄と台南は民進党の牙城。順当に行けば台北市と新北市は国民党が勝つだろうが、台中の情勢は与野党が接戦、勢力が伯仲《はくちゅう》しており、もし国民党が台中を落とせば馬英九の政治生命はさらに衰えレイムダックに陥る。

また二〇一六年に予定される次期総統選挙には国民党の苦戦が予想される。

かくして英国の有力メディアは書いた。

中国との話し合いは過去六年間の馬政権で円滑化せず、国内の合意形成は難しいばかりか、馬の指導力は限定的である。

（英誌『エコノミスト』、二〇一四年三月二九日号）

学生の国会占拠がつづいていた四月六日に、王金平が忽然《こつぜん》として学生の前に姿を現して対話した。

同時に国民党は「監査システムを設置する」修正法案を国会に上程するなど歩み寄りを見せていた。王金平はこの国会での動きを率先すると学生に約束したため、翌日、「四月一〇日をもって退去する」と学生指導者が声明をだすに至る。学生らは退去準備の大掃除にはいってゴミを片付ける。

まさに王金平は馬への意趣返しに成功し、人気を高め、馬は満天下に赤恥をかかされた。そのため、「学生の要求は中国統一の基盤に立っていないので承認しがたい」と弱々しく発言したのみだった。

世界が注目した学生運動の背景

台湾学生運動の動きとその背景を総括してみよう。

馬英九のねらいはサービス貿易協定を強引に締結し、それを手土産に秋に予定される北京APECへの出席をすることだった。たとえ「台湾総統」ではなく「台湾地区指導者」と格落ちで呼ばれるとしてもＡＰＥＣで習近平《しゅうきんぺい》と肩を並べて写真におさまり人気を挽回したい。そのために国民党名誉主席の連戦や呉伯雄《ごはくゆう》らの頻繁な訪中に理解を示してきた。

しかし中国に貿易の四〇パーセントを依存してきた台湾経済が大きな曲がり角に立ったことを馬英九総統は認識できていなかった。

第一に台湾のひとりあたりのＧＤＰは二万ドルを超える成熟国家となってハイテク部門へのシフトが産業界におきており、中国との交易によるメリットが激減した。台湾実業界の中国熱は冷え始めていたのだ。

第二にひたすら安い労働力を頼って台湾企業五万社が進出したが、すでに一万社近くが撤退していることだ。

典型は女工の賃金があがった繊維産業で対岸に位置する福建《ふっけん》省から広東《かんとん》省沿岸部にひしめきあった台湾の繊維、アパレル企業はとうにベトナム、カンボジア、インドネシアに移転した。雑貨、弱電部品メーカーもしかり。このリアルな移動を目撃した日本企業の多くも撤退の態勢にあり、北京で開催される専門家セミナーの「中国から如何に撤退するか」講座には定員オーバーの人が集まる。

第三に両岸の交流進展とともに台湾人の多くは大陸の中国人と台湾人のアイデンティティがまったく違うことに気がついたのだ。マナー、道徳の差違ばかりか自由、法治の概念の希薄さ、台湾の米国留学組は自由競争と法治を学んで帰国するが、大陸から欧米留学組は帰国せず、いまも欧米留学が膨張し続けているのはなぜか。中国人は国を捨てているが、台湾人は祖国に戻って貢献したいという使命感がある。

中国大陸へ進出した台湾ビジネスマンは一時期、中国熱に浮かされもしたが、不動産バブルの崩壊がはじまり中国経済のシャドーバンキングや金融危機の襲来を前にして、将来性に巨大な疑問符をつける。

第四に中国企業の台湾進出によって、前宣伝されたメリットがほとんどなく逆に治安が悪化し国民感情を損ねた経過がある。日本でも観光でやってくる中国人団体の、そのあまりの行儀の悪さに仰天したが、台湾も「この人たちが同じ漢族とは信じられない」と言い出す。

第五に別の意味で大いなる脅威は台湾におけるネットが中国の華為《ファーウェイ》技術の大容量高速光ファイバーを二〇一三年に敷設したため、システムが華為技術のものであることだ。したがって通信が中国の漏れるおそれ、これにくわえて台湾は日本の通信ネットが台湾経由で行われるため、中国の盗聴、妨害ならびにハッカー攻撃を受けるおそれがあるのだ。

日本のネット情報の多くは海底通信ケーブルで結ばれている台湾のデータセンターに送られている。中台協定が発効すると、台湾の通信システムは華為技術など中国勢に事実上支配されるので、日本の情報はやすやすと中国当局の監視下におかれる。だから「トロイの木馬」だとする警告がある。

（田村秀男、『夕刊フジ』、二〇一四年四月一一日）

しかし日本にも「日中友好屋」がいるように台湾には中台友好を唱えてビジネスに励む手合いが多い。戦略性のうすい人間には目の前の利益しか目に入らないのだ。

日本に来る中国人留学生は就労が目的であり、集団で住む団地はゴミの山となり、廊下で排便したりするので苦情が絶えないが、台湾はもっと深刻な被害。そのうえ売春婦がおよそ一万人、台湾へ入りこんで「営業」するため台湾人経営の風俗店も競争力を失う。台湾ヤクザと中国のヤクザが裏で連携して売春組織ばかりか麻薬にも手をつけており、台湾人は大陸との交流の進展を危険視するようになっていた。こうした心理的変化が、今回の学生を支持する流れを助長した。

第六に間接統治の先兵として中国は台湾マスコミを影響下におさめたはずだった。『連合報』も『中国時報』もかつての国民党機関誌的位置からあたかも『人民日報』台湾版のような誌面作りになった。「台湾第一」を掲げる『自由時報』や『りんご日報』が逆に部数を伸ばした。ことほど左様に傲慢な中国のやり方に対して台湾人の反発が強まり、馬英九政権への不信が広がっていた。

具体例をあげると食品大手「旺旺集団《おうおう》」が繰り広げた中国代理人としての振るまい、その露骨なやり方を目撃した民衆が中国への寛大な理解を捨て、中国の間接工作が失敗したケースである。

蔡衍明《さいえんめい》は台湾宜蘭県蘇澳村で小さな缶詰工場を経営する家庭で生まれた。日本のかっぱえびせんにヒントを得て魚介を混ぜたせんべい菓子をつくりはじめた。蔡は日本の岩塚製菓に通い詰めて業務提携を持ちかけ、ノウハウを得た。旺旺集団を設立し、せんべい菓子から即席麵、飲料水、スナックにも進出して馬鹿あたり、台湾市場の九五パーセントを寡占する大企業になった。これを背景に中国へ進出した。湖南《こなん》省の工場からはじめた旺旺集団は次々とヒット商品に恵まれて大陸でも大成功を果たし香港に上場する。

問題はそれからである。蔡は中国共産党に取り込まれたかのように台湾の有力紙のひとつ『中国時報』を買収し、『りんご日報』にも触手をのばした。そのうえ尖閣諸島は台湾省のものだと言って二〇一二年九月、蘇澳漁民をけしかけ百隻の「反日」船団が尖閣付近へ現れるという事件が起きたが、そのスポンサーにもなって忘恩の徒と言われた。

つまり中国の台湾マスコミ工作の手先に使われたわけで台湾の良識派は蔡を毛嫌いするばかりか、中国の代理人という烙印を押し、変節実業家の典型的堕落男と批判した。

二〇一四年四月一〇日をもって国会占拠をやめたが、台湾の学生運動はすがすがしい印象を残した。

しかし沈静期間をおいてから馬政権の「報復」が始まり、学生一七一名への捜査が当局によって発表された。

リーダーだった林飛帆と陳為廷は七月二八日に台北地方法院検察署前で記者会見を行い、これは「国家暴力である」と強く抗議した。

「憲政の価値を守り、国家の暴力を追及する」とし、抗議声明では「憲法のレベルから学生運動を見ること、人民が憲政および人民の基本的な価値を守るために街頭抗議活動に参加した意義と、それにもかかわらず、政府が責任をとらず、大小の国家暴力が後を絶たないことを正視するべきだ」。

終章

四面楚歌の中国、歓迎される台湾

反日宣伝で墓穴を掘る中国・韓国

中国共産党は組織をあげて、それも世界的規模で日本批判をつづけ、虚偽放送の限りを尽くしている。韓国がそれに便乗している。「台湾は中国の一部」というのも政治的プロパガンダだが、むしろ現在の情勢は中国が世界で孤立しはじめている。

反比例するかのように日本における中国・韓国批判は燃え上がり、ナショナリズムの高揚がみられる。台湾も同じ状態である。むしろ失点を重ねたのは中国だ。

ある台頭した国によって脅威を受けた別々の隣国たちが、それまでは互いに関係が深いわけでもなく、場合によっては悪い関係にあることもあるのだが、新しい脅威に対して新しく合同で対処する方法を探ろうとして、互いにコミュニケーションを始める。

（『自滅する中国』）

と米国の戦略研究家、エドワード・ルトワックが書いた。

中国周辺のあらゆる国々が、その台頭する国力にたいして同じような反応を起こしている。オバマ政権の場合は、これが大西洋から太平洋へ「重心」を移す政策を宣言したことにも見られるし、より控えめなものとしては、オーストラリアが中国との友好関係を主張しながらも、同時にダーウィンに新たな米軍基地を開設し、インドネシアとマレーシアにたいして中国の領海主張に抵抗するように静かに支援している。（同前）

APEC、アセアン会議における中国の孤立化、そして対照的にベトナム、フィリピン、インドネシアの連携や日本へのアジア諸国の期待の高まりをみよ！

軍事大国として急激に台頭した中国が、いま直面するのは孤立化というパラドックスだ。しかし自閉症に陥った中国は孤立化に気づかず、反日路線を暴走し、韓国もイガンヂル外交（つげ口による当該国と日本を離間させる）を展開するためアセアン諸国はそっぽを向き、米国ばかりか中国投資を継続中のEU諸国さえ苦り切っている。だからEU議会選挙では移民排斥を訴える保守政党がのきなみ勢力を躍進させた。

安倍政権が「チャイナ・プラス・ワン」を掲げてアセアン加盟国全てを回ったが、どの国でも朝日新聞のいうような「過去の反省」を求められなかった。安倍首相は就任以来一年余で三一ヵ国を歴訪、五百日で三七ヵ国、一四年七月現在で、五〇ヵ国に及んだが、どの国からも日本批判は起こらなかった。

フィリピンなどは「日本の防衛力増強を歓迎する」という前向きの発言が返ってきた。

中国に依拠せざるをえないカンボジアとラオスにあっては、ベトナムへの対抗上、「遠交近攻」策から中国に擦り寄っているにすぎない。日本並びに西側の方針が変わるとミャンマーのような親中国家も、中国が建設していたダム工事を中止させ、大胆に西側に寄ってきた。このため過去二年近く、中国はミャンマーと口も聞かないほど険悪な関係である。日本のマスコミはなぜ、このような情勢の変化をありのままに報道しないのか。

日本の方向転換によりベトナムやフィリピンへ進出を急ぐ日本企業が顕著となった。

インドは昔からの親日外交だが、中国との軍事バランスからくる政治的打算が大きく含まれる。スリランカは南の港を中国に貸すが、日本への期待はもっと大きい。

また中国主導の「上海《しゃんはい》協力機構」に加盟するタジキスタン、キルギス、カザフスタン、ウズベキスタンという中央アジア・イスラム圏への中国の猛烈な浸透ぶりを旧宗主国ロシアが異様な警戒と対抗策を打ち出した。したがって中ロ同盟の蜜月は演出にすぎず、お互いの不信感は増幅しているとみて良いだろう。

こうして中国を囲む状況は中国が望む方向ではないうえ、ニュージーランドやオーストラリアも中国偏重政策を転換すると言明している。すかさず安倍首相は、この両国とパプア・ニューギニアを歴訪した（二〇一四年七月初旬）。

アジア諸国の多くが対米・対日姿勢を改善し、とくにフィリピン、インドネシア、ベトナムなどは「日本の防衛力増強を歓迎」と明確に言い出した。タイも安倍首相の価値観外交、海域航行の安全とルール遵守に異論を差し挟まなかった。明らかに中国を牽制する動きである。

二〇一四年一月下旬、インドをみたび訪問した安倍首相は多くの経済支援を約束した。その後、五月のインド総選挙では親日政治家のモディが首相となり、日本へ外遊一番乗りを宣言した。

これらの外交の中間総括として一三年師走にアセアン全首脳を東京に招き、「日本アセアン特別首脳会議」を挙行した。東京にアセアン全加盟国の首脳が勢揃いした光景をみて筆者は昭和一八年の「大東亜会議」と重ねた。

他方、中国から海外へ移住した数は、公式に九三四万三〇〇〇人（二〇一三年国連『世界移民報告』）。まるでイナゴの大群、これは世界史始まって以来のことである。

カナダ政府は二〇一四年二月一一日に突如、「移民プログラム」の変更を発表した。中国人の富裕層の間に衝撃が走った。このカナダの移民政策変更の動きは欧米各国に共通している。

英国は従来、留学生が大学卒業後もそのまま住みつくスタイルの中国移民が多かったため欧州各国より比較的静かだったが様変わり。「中国移民に帰国してもらおう」という市民運動がロンドンで起きた。

「外国人を叩き出せ」というのはイタリアの北部同盟である。欧州各地も移民排斥の保守勢力がぐんと支持を伸ばしている。

スイスは二〇一四年二月九日の国民投票で「移民に上限を設ける」という法律改正を僅差で可決した。外国人労働者の流入でスイス人の雇用機会が奪われているため、とりわけチューリッヒ、ジュネーブに住まうドイツ系が賛成に回った。

オーストラリアは習近平の実弟が豪邸を保有し、前国家副主席だった曾慶紅《そけいこう》の息子が事実上、豪に移住したように中国人富豪の投資先である。投資ビザの条件は五〇万豪ドルの居住用住宅を購入すると四年間の居住ビザが下りた。このため不動産相場が高騰し、外国人が五八四億豪ドル分の不動産を購入した統計があるが、このうち七パーセントが中国人だった。しかしアボット新政権誕生後、政策変更が行われる見通しである。

イタリアの北部同盟、フランスの国民戦線に加えて、オランダで、ポーランドで、ハンガリーで、右派連合の伸張ぶりは瞠目に値する。英国は保守の「英国独立党」が第一党になったほどだ。

これらEU保守新党の主張は狭義の民族主義とはいえず、国際感覚をあわせもつ新型の保守派である。そして欧州の多くの国でも中国移民排斥運動が本格化している。

日本と台湾は世界から歓迎されている。

台湾は国際的孤立を深めたと思われがちだが、着実な実務外交（台湾では「務実外交」）の成果をあげている。

札束を積んで相手を籠絡させ、外交関係の維持を中南米や南太平洋諸国と結んできたが、近年の両岸（台湾と中国）関係の著しい変化に伴い、そうした札束外交は北京《ぺきん》でも台北《たいぺい》でも過去のものと認識されつつある。

すでに中国大陸へ台湾から直行便が開かれ、パンダが台北の動物園にやってきて、台北故宮博物院と北京の故宮博物院とが展示物を交換し、交換の相互訪問が実現し、こうなると外交関係を札束で切った張ったは意味が薄くなったからだ。

世界規模の中国人排斥運動が始まる

米国の衰退に「吾が意を得たり」とばかり熱情的に東アジア共同体（中国語は「南亜共同体」）構想を推進する側に立った中国。その熱意は尋常ならざる政治的思惑を秘めていた。また二年前まで中国はさかんにアジア共通通貨を言いつのっていた。

フランシス・フクヤマが批判したように「各国の思惑とは別に中国が特別の覇権的思惑を抱いてこの話を進めようとしている」ことは明らかである。

台湾は総統も国会議員も民主的な選挙で選ぶが、中国は全体主義独裁である。

一党独裁の下で民主的選挙の経験がないばかりか、「国会に相当」と言われる全国人民代表大会はラバースタンプ（拍手するだけの議決機関）大会。専制国家はほかにも北朝鮮、ベトナムなどがある。シンガポールも言論の自由が薄く、どうみても民主国家とは言えまい。となるとデモクラシーを謳歌するのは日本と台湾くらいしかない。

韓国を民主国家というには憲法はともかくとしても実態はほど遠く、フィリピンは事実上の米国植民地、タイはつねにクーデターが起きて軍政になる。宗教はバラバラであり、たとえば韓国、台湾、香港ではキリスト教が強く、フィリピンは主流がカソリックなのに南部諸島はイスラムである。マレーシア、インドネシアは穏健イスラムだが仏教、ヒンズー教が混在している。カンボジア、ラオスの山岳地帯には原始的なピー（精霊）信仰が浸透している。宗教的基盤が異なり、政治体制に天地の差があって、中国が主唱した東アジア共同体は実現不可能と観た方が良い。

中国はいまも華夷秩序を重視し、台湾を治める国民党も華夷秩序を表面的に謳《うた》ってはいるものの、実際はプラグマティズムに立脚している。

そして日本でも住民の反対運動が盛んである。池袋北口には中国食料専門店が十数店、華字新聞は数紙が花盛り。街を歩けば中国語が飛び交い、乾燥した漢方薬やニンニクの混ざった独特な臭いが漂う。映画のＤＶＤ、ビデオはその場で複製を作ってくれる。

この池袋チャイナ・タウンでは危険ハーブの商売が横行し、殺人事件まで起きて治安が悪化した。

華字新聞には北京の代弁媒体もあるが、多くが共産党に批判的。大陸でベストセラーとなった小説に加え、禁書となった『中国現代化の落とし穴』(何清漣《かせいれん》)などの原本も売っている。ともかくチャイナタウンの膨張に悩むのは西側に共通で、NYとサンフランシスコのチャイナタウンは悪質なマフィアの巣窟と化して治安が滅法悪くなった。不法入国者や逃亡者が、こうした街区に紛れ込むとまずわからない。

これから世界的規模で中国人排斥運動が起こることが予測される。

あとがき

日本が台湾と外交関係を断絶してから四二年の歳月が流れた。筆者が台湾に足を運び始めてからも同じ時間を閲《けみ》したが、政治的な関係は冷却しても貿易は躍進しており、日台の民間交流は一層深くなった。

台湾から日本への観光客は年間二百五十万人以上（一四年上半期だけで一三七万人）、日本人の台湾観光客も年間百五十万近く、あらゆるレベルでの文化的交流は激増し、高校生の修学旅行先も台湾を撰ぶ傾向が強まった。日本からはアニメなどサブカルが浸透し、台湾の新聞の芸能欄をのぞくと日本人タレントや歌手の動向が日本より詳しくでている。しかし日本語世代が少数派となり世代交代が進んで台湾の若者の多くに日本語が通じない。英語でコミュニケーションが成立する時代となった。

国際情勢のなかで台湾の位置をはかるとコソヴォや南オセチア共和国同様に「未承認国家」扱いだが、決して孤立してはおらず世界各国との民間交流は盛んでいる。アメリカと並んで台湾が好きと答える日本人は多く、反対に九三パーセントもの日本人が中国への不信感を表している。

とはいえ台湾は歴《れき》とした独立主権国家であるにもかかわらず五輪などの世界大会には「チャ

イニーズタイペイ」という奇妙な肩書きでしか参加を許されない。風当たりが強い上、台湾国内に目を転じると国民党の偏向した歴史教育を受けたため反日的な台湾人の勢力も増えている。

しかし最も懸念材料は北東アジアに拡大する中国の軍事的脅威に対応した日本の防衛力整備は遅れ、かつ台湾と共同防衛の対話がないことだ。両国は安全保障では運命共同体であるにもかかわらず。

まさに台湾烈々！

筆者は私的体験などを通じて台湾の現状をひろく綴ったが、言い換えれば、本書は『私的台湾現代史　１９７２〜２０１４』としたいところでもある。

なおこの小冊は基本的に書き下ろしだが、いくつかの文章には過去に『Ｗ・ｉＬＬ』『正論』『ボイス』『月刊日本』、『共同ウィークリー』『エルネオス』、そして休刊となった『諸君！』と『自由』に書いた拙論との重複箇所がある。また歴史的記述が多いため本書の性格上、引用箇所を除いて登場人物の敬称を省いたことをお断りしておきたい。

二〇一四年盛夏　靖国参拝の日に

宮崎正弘

著者略歴
宮崎正弘（みやざき・まさひろ）
昭和二一年金沢生まれ。早稲田大学中退。「日本学生新聞」編集長、雑誌『浪曼』企画室長を経て、貿易会社を経営。昭和五八年『もうひとつの資源戦争』（講談社）で論壇へ。国際政治、経済の舞台裏を独自の情報で解析する評論やルポルタージュに定評があり、同時に中国・台湾ウォッチャーの第一人者として健筆を振るう。中国、台湾に関する著作は五冊が中国語に翻訳されている。
代表作に『中国台湾電脳大戦』（講談社ノベルズ）、『拉致』（徳間文庫）『中国大分裂』（文藝春秋）『出身地で分かる中国人』（ＰＨＰ新書）など。最新作は『中国の時代は終わった』（海竜社）。

台湾烈烈　世界一の親日国家がヤバイ

2014年９月21日　第１刷発行

著　者　　宮崎正弘
発行者　　唐津 隆
発行所　　株式会社ビジネス社
〒162-0805　東京都新宿区矢来町114番地 神楽坂高橋ビル5階
電話　03(5227)1602　FAX　03(5227)1603
http://www.business-sha.co.jp

〈印刷・製本〉大日本印刷株式会社
〈カバーデザイン〉上田晃郷　〈本文組版〉朝日メディアインターナショナル株式会社
〈編集担当〉佐藤春生　〈営業担当〉山口健志

ISBN978-4-8284-1768-4